STEAM
大腦科學好好玩

STEAM
大腦科學好好玩

探索摸不到、看不到的嗅覺、視覺、聽覺、記憶，

52個實驗X10大單元

結合自然、生物與生活科技的跨領域學科

Brain Lab for Kids:
52 Mind-Blowing Experiments, Models,
and Activities to Explore Neuroscience

目 錄

歡迎來到腦科學實驗室

騎腳踏車、學習語言、接球、讀書，以及我們全部所見、所聽、所感和所做，都因為我們有頭殼裡那個柔軟、粉白的物質 —— 大腦。

我們將大腦為我們做的許多美好事物視為理所當然。雖然科學家對大腦如何運作，已經有許多卓越的發現，但大腦如何創造出如此豐富、神奇的貢獻，仍有許多謎團。這本書會幫助你透過實驗、測試和建立知識，來了解大腦如何工作。

如何使用這本書

謹慎的科學家會將實驗室裡發生的點滴，寫下詳細的筆記。使用這本書的同時，你可以開始寫「實驗紀錄簿」。你的紀錄簿應該要裝訂好，而不是幾張零散的紙。如果一本寫完了，請再找一本。紀錄簿應該要寫下實驗名稱、進行實驗的日期和時間、實驗步驟、任何觀察和發現的結果，以及你針對結果代表的意義所提出的討論。你的實驗紀錄簿應該要寫上完整、足夠的資訊，讓其他人看了也能夠精確的做出相同的實驗，並了解你的發現。

這本書中的每個實驗都分成幾個區塊。在實驗標題之下，列出了實驗所需的時間。「器材」列出了完成這個實驗需要的所有東西，「實驗步驟」提供了實驗過程的逐步指南。你可能會想出其他不同的方法來完成實驗，這樣很好，但你要確實的將任何改變寫在你的紀錄簿上。「原來如此」解釋了實驗背後的科學。這個單元會讓你對實驗結果和觀察有更深入的理解。

「腦科學小知識」是與實驗有關的一些趣味、好玩，也許還有點令人驚訝的小知識。最後，「延伸思考」提供了一些點子來幫助你進一步探索每個主題。例如，你可能會從中找到參加科學競賽的題目，或是引發好奇心，進一步去挖掘更多關於腦科學的新事物。

單元 1

神經元

神經元（又稱神經細胞）是神經系統中的特化細胞。這些微小的細胞能產生小小的電力，就像小電池一樣。神經元傳送電訊號至不同的距離，與其他神經細胞、肌肉或腺體溝通。神經元的各個部分都有特別的功能，以確保訊息快速、有效率的傳送出去。

因為神經元實在太小了，大部分的人從沒親眼見過真正的神經元，就連科學家也必須用顯微鏡才看得到，或是透過神經元的圖畫和照片才能了解它們的構造。另一種了解神經元長什麼樣子的方式，則是製作「神經元模型」，並拿在手中觀察。你將會在這個單元學習如何製作神經元模型。當然，模型會比真正的神經元大上好幾倍。

雖然書和網站上可以看到某些特定常見的神經元圖片，但請記得，神經元有許多不同的形狀和大小。製作神經元模型的同時，想一想，怎樣才是好的模型。你的模型如何看起來更真實？有正確的比例嗎？如何改進模型的結構？還可以找到什麼其他的材料來做模型？

神經元黏土模型

人類的腦包含八百六十億到一千億
個神經元。在這個實驗中，你將會
用黏土來製作神經元模型。

⏰ 實驗時間

→ 20分鐘

🔧 器材

→ 四種不同顏色的造型黏土

✏️ 實驗步驟

1. 拿出四種不同顏色的造型黏土，各取一小塊。不同顏色的黏土將代表不同的神經元構造。

2. 取其中一種顏色的黏土揉成栗子般大小的球形，然後再壓扁（圖1）。這塊黏土代表神經元的**細胞本體**。

3. 取第二種顏色的黏土，加在細胞

圖1：把黏土揉成圓形，壓扁，製作細胞本體。

本體旁，從細胞本體延伸出來（圖2）。這些延伸出來的黏土代表**樹突**。

4. 取第三種顏色的黏土搓成長條狀，一端連接細胞本體（圖3）。這個部分代表細胞的**軸突**。

5. 取一小團第四種顏色的黏土，壓在軸突另一端的上面（圖四）。這塊黏土代表**軸突末梢**。

圖2：加上延伸，製作樹突。

圖3：將黏土做成長條狀，加上軸突。

圖4：加上軸突末梢。

延伸思考

神經元依照構造和功能分成不同類型。一種是以**形狀**來分類。舉例來說，有許多樹突連接細胞本體的神經元叫作多極神經元。你可以用黏土製作出不同樹突類型的神經元，例如單極、雙極和多極神經元。另一種是以**神經元傳送訊息的方向**來分類。例如**感覺神經元**是從感覺器官傳遞訊息到中樞神經系統（腦和脊髓）。**運動神經元**則從中樞神經系統傳遞訊息出去，以控制肌肉和腺體。介於感覺神經元與運動神經元之間的是**聯絡神經元**。上網搜尋關鍵字「神經元」，尋找腦部不同區域的神經元當作範例，例如：製作大腦皮質的錐狀細胞模型，或小腦的普金斯細胞模型吧！

原來如此

神經元（神經細胞）包含四個基本構造：**樹突、細胞本體、軸突、軸突末梢**。樹突與細胞本體相連，將接收的訊息傳給細胞本體。細胞本體包含了用來維持神經元健康與正常功能的細胞核和胞器。連接細胞本體的單一軸突則是用來將訊息從細胞本體傳送出去。軸突末梢有儲存化學神經傳導物質的突觸。

神經元果凍

製作可以吃的神經元果凍，先觀察神經元的細胞本體有哪些構造，再享受美味的點心。

腦科學小知識

→ 細胞核的英文「nucleus」來自拉丁文，意思是「核」。

→ 某些地方的人認為小牛、山羊、綿羊和松鼠的腦是珍貴的食物。

→ 腦中還有其他的細胞，叫作**神經膠細胞**。有些神經膠細胞為神經元提供物理性支撐，有些則提供養分或協助清除廢物。

⏰ 實驗時間

→ 30分鐘準備時間

→ 8小時讓模型定型

🔧 器材

→ 攪拌碗

→ 湯匙

→ 一盒吉利丁（任何口味皆可）

→ 水

→ 鍋子

→ 一個塑膠夾鏈袋（三明治大小）

→ 一罐綜合水果罐頭

→ 各式各樣的小糖果

⚠ 注意事項

→ 將水加熱並與吉利丁混合的步驟，必須請大人幫忙。

→ 請小心任何食物過敏。

圖1：將吉利丁與水混合。

📝 實驗步驟

1 拿出攪拌碗和湯匙，依照吉利丁的包裝說明，將吉利丁與水混合（**圖1**）。

2 等吉利丁的溫度下降到溫溫的，再倒進塑膠夾鏈袋中（**圖2**）。

3 倒掉水果罐頭裡的果汁，將水果和糖果加進夾鏈袋裡的吉利丁中（**圖3**）。

4 將夾鏈袋封口封好，放進冰箱讓吉利丁定型（**圖4**）。

圖2：把降溫的吉利丁倒進夾鏈袋中。

圖3：將水果和糖果加進吉利丁中。

圖4：將袋子封好並冰起來。

圖5：等吉利丁凝固好，就能取出享用。

5 當吉利丁凝固（**圖5**）就可以打開袋子，取出神經元模型，享用你的神經元果凍！

延伸思考

還可以用哪些食物來製作可以吃的神經元模型呢？例如：蔬菜或早餐穀片。

我們的腦有八百六十億到一千億個神經元。讓我們先假設腦共有一千億個神經元，如果以一秒數一個神經元的速度來算，要花多少時間才能算完？沒錯，答案是一千億秒，這相當於幾個月或幾年呢？算算看吧。

原來如此

就像身體的其他細胞一樣，神經元也有細胞膜。在你的神經元果凍模型中，塑膠夾鏈袋就代表細胞膜，糖果和水果則代表細胞核、細胞質、粒線體和其他胞器，分別含有基因，能製作蛋白質、產生能量。包含以下：

→ **細胞核**：含有遺傳物質（DNA），用來調控神經元的發育。

→ **核仁**：在細胞核內，輔助合成蛋白質。

→ **核糖體**：輔助合成蛋白質。

→ **尼氏小體**：由核糖體組成，是合成蛋白質的場所。

→ **內質網**：由管狀和囊狀構造組成，在細胞內的功能是傳送物質。

→ **高基氏體**：一種扁囊狀構造，負責加工、修飾胜肽和蛋白質。

→ **微絲與神經小管**：為神經元提供結構性支撐，幫助物質在細胞內傳送。

→ **粒線體**：為神經元製造能量。

實驗 3

神經元毛線

腦科學小知識

→ 蜜蜂的腦有95萬個神經元。

→ 神經元是你全身上下最老的細胞。你腦中的神經元絕大多數都是從你出生就存在了。

→「神經科學」是一門研究神經系統的結構與功能的學問。

這不是降落傘，也不是掃把或鐵塔。這是神經元！用毛線製作神經元吧。

⏰ 實驗時間

→ 5分鐘

✂ 器材

→ 1公尺長的毛線

✏ 實驗步驟

1 將毛線的末端打結，做成一個圈。

2 線圈套過拇指和小指（**圖1**）。如果你的慣用手是右手，請套在左手上。

3 然後再將手掌中間的線，往下拉（**圖2**）。

4 再一次將手掌中間的線往下拉。

5 將右手的兩根手指伸進大圈圈（**圖3**），再分別插入左手拇指和小指的圈圈中

6 右手手指勾住線，穿過大圈圈往外拉出。

7 把拉出的毛線往後套過左手的中間三根指頭（**圖4**）。

8 將手掌中間的線往上拉（**圖5**）。

圖1：把毛線套過拇指和小指。

圖2：捏住毛線往下拉。

圖3：伸進圈圈裡。

圖4：把毛線往後翻。

圖5：拉手掌中間的那條線。

原來如此

這個毛線模型呈現了神經元的樹突、細胞本體、軸突和軸突末梢。這種神經元連接了許多樹突，所以叫作**多極神經元**。科學家經常用特殊的化學物質來標記神經元，以便觀察這些細胞的結構。有時是利用某些化學物質可以被神經元吸收的特性，有時則是科學家直接把化學物質注射到細胞裡。由於神經元太小了，所以科學家必須使用顯微鏡，才能觀察和辨認神經元的不同構造。

延伸思考

這個神經元模型是用毛線來表示軸突，但真正的軸突其實細到必須用顯微鏡才看得見。而且有些軸突非常長，例如那些位於脊髓的神經元，它們的軸突能一路延伸到腳的肌肉。假設真實的神經元細胞本體直徑是100微米，軸突是1公尺長，以這個比例來製作模型吧。如果你用乒乓球來代表細胞本體，乒乓球的直徑是4公分，那麼軸突要多長才能符合神經元的真實比例呢？算算看，並用線代表軸突，把線綁在乒乓球上。你需要多長的線？給你一個小提示：你需要很多線！

神經元毛根

腦科學小知識

→ 蘭氏結之間的間距大約在0.2～2毫米之間。

→ 在沒有髓鞘的情況下，電訊號傳送的速度是每秒0.5～2公尺；在有髓鞘的情況下，電訊號傳送的速度是每秒5～120公尺。

這一次，我們要使用毛根來製作神經元模型。不同顏色的毛根代表了神經元的不同構造。

⏰ 實驗時間

→ 20分鐘

✂ 器材

→ 剪刀

→ 尺

→ 五枝不同顏色的毛根

📝 實驗步驟

1 用剪刀和尺，將三枝毛根剪成許多10公分長的片段（**圖1**）。

2 將另兩枝長毛根交叉呈「十」字形（**圖2**）。

3 將毛根從一半處對折，夾住另一根毛根（**圖3**）。

4 把對折的毛根扭在一起。它代表的是軸突，末端則代表軸突末梢。

5 將短毛根分散綁在沒有扭纏的長毛根上，這些短毛根代表樹突（**圖4**）。

6 用一根剛才綁的短毛根，將它繞成球狀來代表細胞本體。（**圖5**）。

7 將更多樹突纏在細胞本體外的樹突上。

8 取另外一枝毛根剪成小片段，包裹在軸突上，代表髓鞘。

圖1：將三枝毛根剪成小片段。

圖2：把兩枝長毛根交叉呈十字。

圖3：對折其中一枝毛根。

圖4：將小片段綁在沒有扭纏的長毛根上。

圖5：將毛根捲成球狀，代表細胞本體。

圖6：取新毛根的小片段纏繞在軸突上，或將小珠子穿過軸突，代表髓鞘。

原來如此

除了呈現樹突、細胞本體、軸突和軸突末梢，這個神經元模型還包含**髓鞘**。髓鞘是一種包在軸突表面的構造，有隔絕的功用，能讓電訊號以更快的速度在軸突上傳送。髓鞘並非完全包覆軸突，髓鞘與髓鞘之間有間隙，叫作**蘭氏結**。電訊號會在蘭氏結之間跳躍，稱為**跳躍傳導**。

延伸思考

腦中的每一個神經元都可以與數千個神經元聯繫。這些連接處叫作**突觸**，讓彼此互連的神經元形成網路或電路以處理資訊。請試著用金屬網來製作一個**神經網路**，將你的神經元模型穿過網格並纏在上面，在神經元的軸突末梢與另一個神經元的樹突之間留一點空隙，製作突觸吧。

神經元你拋我接

腦科學小知識

→ 軸突末梢和樹突之間的距離只有20～40奈米。（1000奈米＝1微米，1000微米＝1毫米）

→ 單一神經元與其他神經元連結的突觸可達一千到一萬個。

→ 一個突觸小泡可內含多達五千個神經傳導分子。

製作一個大型神經元模型，呈現電訊號如何沿著軸突傳遞，並從軸突末梢釋放化學訊號。

⏰ 實驗時間

→ 1小時

🔧 器材

→ 剪刀
→ 3公尺的細繩
→ 電鑽
→ 三個塑膠容器
→ 3公尺的粗繩
→ 一個浮球
→ 鉗子
→ 30公分的鐵絲
→ 十顆乒乓球

圖1：剪細繩。

⚠️ 注意事項

→ 使用電鑽鑽洞時，要請大人操作，或請大人在一旁陪同。

→ 拿著容器（裝有乒乓球的容器，就代表了有神經傳導物質的軸突末梢）的人，必須將手遠離浮球會滑過的地方。

圖2：鑽洞。

圖3：將細繩打結並穿過容器。

圖4：打的結必須在容器內側。

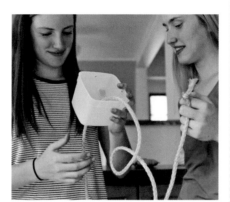
圖5：將粗繩穿過去。

原來如此

這個模型描繪了神經元如何利用電訊號在單一細胞內傳送資訊，以及如何利用化學訊號（神經傳導物質）在不同細胞間傳送。細繩代表樹突，兩個捆在一起的容器是細胞本體，粗繩是軸突，有開口的容器是軸突末梢，乒乓球是裝了神經傳導分子的突觸小泡，浮球則代表電訊號。當神經元利用化學訊號彼此聯繫，神經傳導物質會從神經元的軸突末梢釋放，越過小小的間隙，再被另一個神經元的特殊蛋白質（受體）接收。這個包含軸突末稍、間隙及受體的區域叫作**突觸**。當神經傳導物質與受體結合，會使接收訊息的神經元增加或減少傳送電訊號的可能性。

✎ 實驗步驟

1 將準備好的細繩剪成五段，每段18公分長（**圖1**）。

2 在每段細繩的一端打一個結。

3 在兩個塑膠容器的邊緣鑽五個小洞（**圖2**）。兩個容器的小洞必須在相同的位置，因為等一下要綁起來。

4 在其中一個容器的底部再鑽五個洞。這些洞的大小要足以讓細繩穿過，但又要小到不能讓打結的地方跑出去。

5 將細繩穿過容器底部的洞（**圖3**）。將繩子拉到底，讓打結處卡在容器內的洞口（**圖4**）。

（接續下一頁）

神經元你拋我接【續前頁】

圖6：將粗繩穿過浮球。

圖7：把兩個容器捆在一起。

6 將粗繩的一端打結。

7 拿出另一個邊緣有鑽洞的容器，在底部的中心鑽一個洞。

8 將粗繩穿過這個洞（**圖5**）。

9 將粗繩穿過浮球（**圖6**）。

10 在第三個塑膠容器中間鑽一個洞。

11 將粗繩穿過這個容器的洞並打一個結，結要在容器裡面。

12 用鉗子剪幾段5公分長的鐵絲。

13 把兩個邊緣有鑽洞的容器口對口、洞對洞。

14 將鐵絲穿過兩容器的洞並捆在一起，形成一個盒子（**圖7**）。

15 把乒乓球放在第三個容器中（**圖8**）。

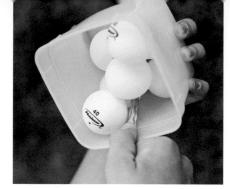

圖8：把乒乓球放在開口向外的容器中。

圖9：傳送浮球。

圖10：看乒乓球飛起來。

圖11：試著接住球。

展開模型時，每條細繩要由不同的人拿著，裝著乒乓球的開放容器由另一個人拿著，還要有一個人面向開放容器並站在距離1.5公尺遠的地方。還要有一個人站在靠近密封容器的附近，手持浮球。大家站遠一點，讓繩子保持緊繃。

操作模型時，拋幾顆乒乓球給拿著樹突（細繩）的人，代表神經傳導物質從軸突末梢釋放出來，並和樹突的受體結合。當許多球被接住後，再把浮球順著軸突滑出去（圖9），代表電訊號透過軸突傳送出去。浮球接著會以充足的力道擊中開放容器，將容器內的乒乓球撞飛並散到空中（圖10）。面向容器開口的人要試圖接住乒乓球，愈多愈好（圖11）。

延伸思考

多年來，科學家一直認為單一神經元只會釋放一種化學神經傳導物質。不過現在大家已經知道，單一神經元能夠釋放不止一種化學神經傳導物質。試試看，利用不同顏色的乒乓球，來代表神經元模型可能釋放不同種類的神經傳導物質吧。

一定要能跟受體的形狀互相結合的化學神經傳導物質才能起作用。就像開一道鎖需要一把特定的鑰匙，神經傳導物質必須剛好能與受體結合，才能引發後續的動作。受體與神經傳導物質結合後，會決定要不要往軸突發送電訊號。藥學家有時會設計藥物來阻斷這個結合的過程。例如有些藥物可以阻礙受體，使受體無法與神經傳導物質結合。有些藥物則能改變神經傳導物質的化學結構，讓它的形狀不再能與受體結合。

實驗 6 神經元傳遞鍊

腦科學小知識

→ 軸突的直徑約0.2 到20微米。電訊 號在軸突中傳送 的速度跟軸突的 粗細有關。軸突 直徑愈粗，訊號 傳遞愈快。

→ 痛與溫度的訊息 在神經元內傳遞 的速度，比觸摸 的訊息來得慢。

→ 有些蛇的毒液能 阻擋化學訊號抵 達另一神經元的 樹突。

神經元能以每小時432公里的速度 傳送訊息。邀請一群朋友，組成神 經元傳遞鏈，來傳送訊息吧！

⏰ 實驗時間

→ 30分鐘

🔧 器材

→ 至少十人

→ 一些小東西，例如鵝卵石或硬 幣，每人拿一個

→ 碼錶

✏️ 實驗步驟

1 每個人代表一個神經元。一隻手 臂是樹突，身體是細胞本體，另 一隻手臂是軸突，而軸突的手代 表軸突末梢。

2 小東西代表神經傳導物質。

圖1：排成一列。

3 所有人並排成一列，每個人間距一個手臂長 （圖1）。

4 每個人（神經元）用同側的手拿著小東西（神 經傳導物質），並把這隻手靠近下一個人的另 一隻手。

5 當有人説「出發」，排在最前面的人就要把小 東西傳到下一個人的手中（圖3）。同時開始 計時。

圖2：一手拿著小東西。

圖3：傳給隊伍下一個人。

6 當下一個人收到訊號，就要把手上的東西再傳給下一個人。

7 持續傳遞和接收，傳完一整列隊伍。

8 當隊伍最後一個人收到訊息時，要喊「收到」。停下碼錶，看看訊號傳完整列隊伍花了多少時間。

9 請記得，每個人一開始有自己的神經傳導物質。這個神經傳導物質是每個人要傳給下一個樹突的。每個人最後會從前面的人接收到新的神經傳導物質。

原來如此

神經系統會透過電和化學物質來傳遞訊息。在這個實驗中，每個人是一個神經元。開始時，第一個神經元會越過小小的間距傳送化學訊息。當化學訊息被下一個神經元的樹突接收，會轉換成電訊號傳給細胞本體。細胞本體會將電訊號（也叫「動作電位」）透過軸突傳到末梢。軸突末梢接著釋放它自己的神經傳導物質，這些物質越過突觸間隙，抵達下一個神經元的樹突，讓訊息繼續傳送下去。這個模型呈現了化學訊息如何在神經元之間傳遞，以及電訊號如何在單一神經元內傳遞。

延伸思考

只要知道電訊號從哪裡和什麼時候出發和結束，就能測量訊號傳送的速度。在這個實驗中，為了計算一整列神經元傳遞訊息的速度，可先用尺測量第一個到最後一個神經元之間的距離。如果你知道整列神經元傳遞訊息所花的時間，你就能透過計算（距離÷時間）得到這個模型傳送訊息的速度。比較這個模型和真正的神經元傳送訊息的速度吧。

單元 2

腦

腦在你的顱骨中舒服的待著，控制你做的所有事情。腦從感官接收訊息，來告訴你外界發生了什麼事，也從身體內部接收訊息，來幫助你維持健康。腦必須了解這些訊息並採取行動，對肌肉、器官以及腺體下達命令。

你可能不會意識到腦正在進行許多活動。例如腦控制了你的心率和呼吸，但心跳和呼吸都不需要你有意識的進行。當然，腦幫忙達成了許多複雜的行為，例如閱讀、說話、計畫，以及解決問題。雖然科學家已經知道腦是怎麼做到許多複雜的功能，但我們頭殼裡那個1.4公斤重的組織，仍有許多未解之謎。

本單元中的實驗會幫助你了解腦的結構。你將利用不同材質製作大腦模型，將腦部內外的解剖結構呈現出來。本單元的最後一個實驗，將會告訴你為什麼要戴安全帽來保護腦部的重要性。請記得，保護腦部避免受傷，遠比受傷後再修復來得容易多了。

思考帽

腦科學小知識

→ 大腦皮質的41%
   是額葉，22%是
   顳葉，19%是頂
   葉，18％是枕
   葉。

→ 大腦皮質完整的
   表面積大約2090
   平方公分，大約
   是整張報紙這麼
   大。

→ 大腦皮質的厚度
   大約是2～6毫
   米。

→ 人類大腦皮質共
   有兩百億個神經
   元。

戴上「思考帽」，秀出你的腦區。

⏰ 實驗時間

→ 兩天，各3小時

🔧 器材

→ 氣球

→ 紙漿，可用以下不同方法製作：

- 白膠和水（白膠與水的比例
  為2：1）

- 白麵粉、鹽和水（麵粉與水
  的比例為1：1，再加幾湯匙的
  鹽）

- 澱粉漿（liquid starch）和白
  麵粉（澱粉漿與麵粉的比例
  為2：1）

→ 攪拌碗

→ 剪刀

→ 報紙

→ 顏料

→ 畫筆

圖1：製作紙漿。

📝 實驗步驟

1 把氣球吹漲，讓氣球的直徑和你的頭差不多
  大。

2 用攪拌碗混合紙漿（**圖1**）。

3 將報紙剪成數條15公分長、2.5公分寬的紙
  條。

4 把紙條沾上紙漿，再去除多餘的紙漿。

圖2：把報紙敷在氣球上。

圖3：在帽子上畫腦區。

5　將紙條敷在氣球上（**圖2**），覆蓋住氣球的上半部。添加足夠多層的報紙，讓它有強壯的結構。放一個晚上晾乾。

6　輕柔的將報紙模從氣球上取下。如果有需要，可以修飾紙模邊緣的形狀，用額外的報紙強化帽緣，以及用紙漿調整紙模好符合你的頭。如果帽子溼溼的，請再晾乾。

7　在「思考帽」上畫出各個腦區（**圖3**），並塗上不同顏色（**圖4**）。可參考第29頁的插畫。

圖4：將帽子塗上顏色。

延伸思考

你可以用手比出不同腦區大略的位置。把十指交扣，越過你的頭，放到頸部上面一點的位置，就可以找到**枕葉**。將十指交扣的手移到頭頂，那裡就是**頂葉**。把兩手分開，各自放在你的耳邊，這就是**顳葉**。把手掌放在額頭上，手指指向頭頂，這一區則是**額葉**。

原來如此

大腦可分成左腦和右腦，或稱大腦半球。大腦半球的表面有皺褶，這些皺褶是由大腦皮質隆起（腦回）和凹陷（腦溝）的組織摺疊而成。大腦皮質的摺疊增加了顱骨中所能容納的腦組織面積。每個人的腦回和腦溝所形成的腦的表面紋路也都不同，就像指紋一樣。

腦回和腦溝也可幫助大腦半球定義出四個不同的腦區。顧名思義，額葉位於腦的前面，接近額頭的位置。額葉負責高階認知功能，例如推理和解決問題。部分額葉也參與了運動和情緒行為的處理。頂葉座落在額葉後方，幫助處理來自皮膚的訊息感知。在額葉和頂葉的下方是顳葉，參與了聽覺和記憶的形成。腦的後方是枕葉，負責處理視覺。

大腦黏土模型

腦科學小知識

→ 小腦的英文
「cerebellum」
來自拉丁文，意
思是「小小的
腦」。

→ **胼胝體**是由兩億
到兩億五千萬個
軸突所組成，在
左右大腦半球之
間傳遞訊息。

→ 右腦調控身體左
半部的運動和接
收來自左半部的
訊息，左腦調控
身體右半部的運
動和接收來自右
半部的訊息。

用黏土製作大腦模型吧。

⏰ 實驗時間

→ 30分鐘

🔧 器材

→ 六種不同顏色的造型黏土

📝 實驗步驟

1 準備六種不同顏色的黏土各一小團（**圖1**）。
每種顏色的黏土將代表腦的不同區域。

2 將不同顏色的黏土分別塑形成四個腦區，再加
上小腦和腦幹（**圖2**）。

3 將不同黏土壓合起來，變成一整塊（**圖3**）。
再次塑形或補一點黏土，做出腦區比例正確
的腦。

圖1：準備六小團不同顏色的造型黏土。

圖2：將不同黏土做成四個腦區、小腦和腦幹。

圖3：把黏土壓合在一起，變成一整塊。依情況再次塑形。

頂葉

額葉

枕葉

小腦

顳葉

腦幹

延伸思考

在這個實驗中，你只做出了單側腦半球的模型。現在，試著做出包含兩個半球的腦模型吧。腦的有些構造從外面看不到，例如視丘、胼胝體、下視丘都埋在腦的深處。試著再做一個更細緻的大腦模型，來呈現當大腦從中間被剖開時，這些深埋在腦中間的構造。

你還可以想到用什麼其他材料來做大腦模型嗎？有可能用回收的材料或食物做出大腦模型嗎？做一個包含左右腦半球的完整腦模型，並用不同顏色的材料呈現不同構造。

原來如此

除了大腦皮質的四個腦區，腦部還包括小腦和腦幹。小腦緊貼在枕葉下面，並靠在腦幹上方。**小腦**對運動、平衡和姿勢來說十分重要。所有從脊髓傳向腦和從腦傳向脊髓的訊息都必須經過腦幹。**腦幹**是由不同構造組成，負責控制呼吸、喚起、心率和血壓。

實驗 9

大腦餅乾

腦科學小知識

→ 平均來説，人腦的尺寸約14公分寬，16.7公分長，9.3公分高。

→ 人類顱內容量平均為1700毫升，腦的體積為1400毫升，顱內血液150毫升，以及腦脊髓液150毫升。

大腦餅乾看起來很好吃，聞起來也很好吃，但因為塗了顏料，請不要吃下肚。

⏰ 實驗時間

→ 1小時

🔑 器材

→ 烤箱

→ 2.5杯（270克）的麵粉

→ 3湯匙（50克）的鹽

→ 攪拌碗

→ 湯匙

→ 1/3杯（75克）的水

→ 烤盤

→ 顏料

→ 畫筆

⚠ 注意事項

→ 使用烤箱時要非常小心。烤盤和烤好的成品會非常燙。大人必須在旁陪伴！

📝 實驗步驟

1 以175℃預熱烤箱。

2 將麵粉和鹽倒入攪拌碗中，用湯匙充分攪拌（圖1）。

3 將水加入麵粉和鹽中攪拌。如果麵團太碎，就再多加一點水（圖2）。

4 撒一點麵粉在流理檯面或砧板上。將麵團滾成球形，放在檯面或砧板上繼續搓揉（圖3）。

5 當麵團可塑形時，取一塊做成腦的形狀。烤盤不塗油，將完成的腦直接放在烤盤上（圖4）。

圖1：在攪拌碗中混合麵粉和鹽。

圖2：加入水。

圖3：揉麵團。

圖4：將腦讓在烤盤上，放進烤箱烘烤。

圖5：為不同腦區塗上不同顏色。

6　烤10～15分鐘。顏色可能會轉成淡褐色，但不要烤焦了。

7　從烤箱中取出烤盤，讓烤好的大腦餅乾放涼至室溫。

8　依不同的腦區，為大腦餅乾塗上不同顏色（**圖5**）。

原來如此

我們出生時，腦還不到400克重。當我們逐漸長大，神經元之間會形成新的連結，支持細胞（神經膠細胞）持續分裂和增生。等我們長大成人，腦的重量將會達到約1.4公斤重，大約是體重的2%。你所做的大腦餅乾可能比真正的腦還要小得多。

延伸思考

你可以用相同的麵粉、鹽和水的配方來烘烤「神經元餅乾」。請記得神經元要包含樹突、細胞本體、軸突和軸突末梢等構造。大腦餅乾和神經元餅乾都可以成為特別的聖誕樹掛飾。進入烤箱之前，在腦和神經元上先留一個小洞，就可以做成掛飾了。等模型放涼，將它們上色，再用線或鐵絲穿過小洞，就能將你的作品掛起來。

模擬腦脊髓液

腦科學小知識

→ 腦脊髓液是由叫作「脈絡叢」的構造所製造的。

→ 每個人有125～150毫升的腦脊髓液。

→ 人每天會生成約400～500毫升的腦脊髓液。

製作模型，測試液體如何保護大腦。

⏰ 實驗時間

→ 30分鐘

✂ 器材

→ 兩顆帶殼的生蛋

→ 兩個有蓋的塑膠容器

→ 可裝滿一個容器的水

→ 報紙

⚠ 注意事項

→ 清理完破掉的蛋之後要洗手。

📝 實驗步驟

1 在容器內各放一顆蛋。

2 再將其中一個容器裝滿水（圖2）。另一個容器不裝水。

圖1：將容器舉高。

3 將兩個容器蓋緊。

4 在地上鋪幾張報紙。幫助你清理等一下可能製造的髒亂。

5 在報紙上方，將沒有裝水的容器高舉空中（圖1），放手讓它落下（圖3）。

6 在報紙上方，將有裝水的容器高舉空中，並讓容器落下。

7 收回容器，打開並確認蛋受損的情況（圖4）

圖2：將其中一個容器裝滿水。

圖3：讓容器落下。

圖4：確認蛋的情況。

💡 延伸思考

如果流經腦部的腦脊髓液生成過多，或腦脊髓液的循環或吸收受到阻礙，就會產生病症。這可能會造成腦脊髓液累積，並增加腦室的壓力。這種情況叫作「水腦」，在美國大約有一百萬人受到水腦症的影響。症狀包括異常大的頭、頭痛、噁心、運動與視覺問題、癲癇，以及難以專心。雖然水腦症無法治癒，但針對水腦症最常見的治療是在腦部裝一個分流器，將腦脊髓液引流到其它可以被身體吸收的地方。也可以在腦部做出一條讓腦脊髓液能夠流通的通道，或是灼燒脈絡叢，減緩腦脊髓液生成。

❓ 原來如此

腦（和脊髓）由薄薄一層液體所包圍，這個液體叫作**腦脊髓液**。腦脊髓液也會在腦內循環，流經所有腦室。這個實驗呈現出腦脊髓液如何保護腦部免受傷害。塑膠容器代表顱骨，水就代表腦脊髓液，蛋則代表腦部。裝在無水容器中的蛋很可能因為丟擲而破掉，但裝在有水容器中的蛋卻完好無傷。這證明了，如果顱骨撞到堅硬物質時，腦脊髓液能作為腦部的緩衝。除了保護腦部免受碰撞，腦脊髓液還能讓腦在頭部中漂浮，減少腦底部的壓力。腦脊髓液也能幫助腦部清除有害化學物質，以及幫助腦內荷爾蒙的傳輸。

實驗 11　保護大腦的安全帽

腦科學小知識

→ 1986年，美國加州通過了騎腳踏車要戴安全帽的法案，是美國第一個通過此法案的州。

→ 在2015年，美國有817名腳踏車騎士死於車禍事故。

→ 腳踏車安全帽最好三到五年就換新。如果安全帽受損了，買一個新的來用比較好。

設計模型，並測試安全帽如何保護腦部。

⏰ 實驗時間

→ 1 小 時

🔧 器材

→ 兩顆帶殼的生蛋

→ 兩個大型塑膠容器（例如乾淨的優格包裝）

→ 膠帶

→ 可回收的填充材料，例如包裝填充物和氣泡紙

→ 報紙

✏️ 實驗步驟

1 將一顆蛋放到容器中，蓋上蓋子，用膠帶密封（**圖1**）。

2 把可回收填充材料放進第二個容器中。

3 將第二顆蛋放到有填充材料的容器中（**圖2**）。

4 繼續把填充材料放在蛋的周圍。

5 將第二個容器蓋上蓋子，用膠帶密封。

6 將報紙鋪在地上。

7 在報紙上方，讓容器落下（**圖3**）。

8 打開容器，看看蛋是否有受到保護。

9 比較兩顆蛋受損的程度（**圖4**）。

圖1：把蛋放到容器中。

圖2：將第二顆蛋放到填充材料中。

圖3：在報紙上方，讓容器落下。

圖4：比較兩顆蛋受損程度。

延伸思考

用什麼材料能做出更結實的安全帽？如何改良安全帽的設計，並測試效果呢？

想一想在這個實驗中，你用了什麼材質來製作安全帽。你覺得更換什麼材料會讓安全帽變得更堅固？如何設計一個更大的安全帽，並測試它保護某人頭部的能力呢？請記得，人類的頭部包含腦共有3.5～5.5公斤重，體積有4公升左右。

原來如此

在這個實驗中，你利用了模型來測試安全帽如何有效的保護大腦。這個安全帽是由容器和隔絕材料所構成，蛋殼代表顱骨，蛋黃和蛋白代表腦。你的安全帽是否保護了「大腦」？還是發生了傷害呢？在真實的情況中，例如在騎腳踏車、溜滑板、滑雪和溜冰意外時，安全帽大大的降低了大腦受傷的危險性。

腳踏車安全帽有三個主要構造：外殼、內墊和扣帶。外殼通常是一層緊貼內墊的薄塑膠。內墊由一層泡棉構成，是安全帽最重要的構造，因為內墊能將撞擊產生的能量吸收。扣帶將安全帽固定在騎士頭部的正確位置。安全帽會接受測試，在已知距離將它顛倒拋下。如果安全帽內可承受的衝擊加速度在可接受限制範圍內，就代表通過測試。

為了達到最高的安全性，安全帽要貼合頭部，在你的頭移動時仍能緊緊貼合著頭。安全帽可用泡棉墊或環扣來調整。將扣帶扣好並調緊，讓它一直緊貼著你的下巴。

單元 3

反射運動

反射是一種快速、自動的運動，用來保護人免於受傷，或幫助人在某些情況下，可以維持穩定的姿勢和位置。

這種非自主運動，會發生在需要回應環境中的某些事，而且是不需要意識思考或做決定的情況下。舉例來說，如果你的手指碰到某些很尖或很燙的東西時，你會在意識到那很危險之前，就自動移開手。有趣的是，發生在脖子以下的反射行為，並不需要大腦參與。負責脊髓反射的神經元途徑，就位在脊髓。

進行健康檢查時，醫生常會測試人的反射功能，來確認神經和肌肉的功能是否正常。醫生會觀察反射的強弱程度，以便了解神經系統的哪個區域受損了。

在接下來的實驗中，你會測試不同的反射運動。要是你的反射結果和在醫生診療室中發生的不同，也別太擔心。

從瞳孔到瞳孔

實驗 12

用你的眼睛，觀察其他人的眼睛對光線的反應。

腦科學小知識

→ 在明亮光線下，瞳孔直徑約在2～4毫米之間。

→ 在黑暗中，瞳孔直徑約在4～8毫米之間。

→ 人類的瞳孔是圓形的，但有些動物的瞳孔形狀不一樣。例如馬的瞳孔是水平狹縫形，烏賊的瞳孔則像「W」形。

⏰ 實驗時間

→ 15分鐘

🚀 器材

→ 手電筒

⚠ 注意事項

→ 手電筒的光線必須快速掃過受試者的眼前。不要長時間用光線照射眼睛。

📝 實驗步驟

1 關掉房間內的燈。

2 讓受試者坐在昏暗房間裡，約5分鐘。

3 看看受試者的眼睛（圖1），記錄他的瞳孔尺寸（眼睛中央的黑色中心點）。

4 用手電筒快速照一下受試者的一隻眼睛，觀察瞳孔的變化（圖2）。

圖1：觀察眼睛，記錄瞳孔大小。

圖2：用手電筒照一下，以便觀察變化。

原來如此

當房間昏暗，人的瞳孔應該會變大。這樣能讓更多光線進入眼睛裡，人才看得見。當手電筒的光線掃過瞳孔，由於強光會傷害眼睛，瞳孔會自動變小。這種瞳孔自動變小的反應，就叫作**瞳孔反應**。

延伸思考

從這個實驗會發現，當光線進入眼睛時，眼睛的瞳孔就會變小。再測試看看，光線只照射一隻眼睛，對另一隻眼睛的瞳孔大小會有什麼影響。例如照射左眼，看看右眼瞳孔大小是否有變化。你將會發現，右眼瞳孔應該也會變小。這個反應稱為「同感瞳孔對光反射」。單側眼睛會將光線訊息傳遞到兩側大腦，而大腦再把訊號傳給兩側控制瞳孔大小的肌肉，所以兩邊瞳孔大小會一起變化。

膝跳反射

腦科學小知識

→ 從敲擊到踢腿，膝跳反射只需要50毫秒（0.05秒）。

→ 美國費城骨科醫院的約翰·麥德遜·泰勒（J. Madison Taylor）於1888年研發出第一個測試膝跳反射的反射槌。

健康檢查的時候，你曾經被醫生敲過膝蓋嗎？在這個實驗中，你可以變身成「醫生」，測試其他人的膝跳反射。

⏰ 實驗時間

→ 20分鐘

🔧 器材

→ 大型橡皮擦

→ 長柄攪拌匙

→ 橡皮筋

📝 實驗步驟

1 用橡皮筋把橡皮擦綁在長柄攪拌匙上，做成一個反射槌（圖1）。

2 請受試者坐在椅子上，讓腿可以自由擺動。

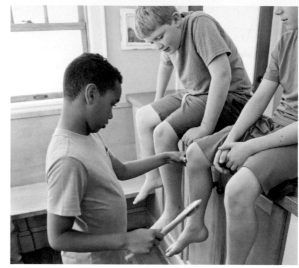

圖2：請用手感覺膝蓋骨的位置。

圖1：製作反射槌。

圖3：找出柔軟區域的位置。

圖4：敲擊受試者的膝蓋下方。

3 感覺受試者膝蓋之下的膝蓋骨位置（**圖2**）。找出膝蓋骨下方柔軟的區域（**圖3**）。

4 用反射槌敲擊受試者膝蓋下方柔軟的區域（**圖4**），並觀察腿的反應。

延伸思考

膝跳反射並不需要腦部參與，因為反射途徑只包含了神經和脊髓。然而，如果受試者想要停止腿的運動，腦部還是能影響膝跳反射。例如，假設你收縮大腿肌，你的膝跳反射就會很小。為了避免反射行為受到意識控制，可以試試「延德勞希克操作法」。做法是：請讓你的受試者將雙手上下交握。當你進行膝蓋敲擊時，請受試者將雙手向左右拉。以此方式比較前、中、後的膝跳反射情形。通常這個方式會造成更強烈的膝跳反射。

原來如此

膝跳反射作用也叫作單突觸反射，因為完成這個反射的路徑只需要一個突觸。敲擊膝蓋下方會使大腿肌拉伸。訊息接著傳往脊髓。經過脊髓腹角的突觸後，訊息會傳回大腿肌，使大腿肌收縮。

醫生會透過膝跳反射來測試病人的神經、肌肉和腦部是否有問題。若是反應微弱或無膝跳反射，可能代表問題出在腿部肌肉、從肌肉傳遞感覺訊息到脊髓的神經，或從脊髓出發、告訴肌肉要運動的神經。如果腿部在敲擊膝蓋之後持續前後晃動，可能代表病人的小腦有問題。

你抓得住嗎？

腦科學小知識

→ 手部主要的神經
有尺神經、橈神
經和正中神經。

→ 人每隻手有27根
骨頭。

抓住落下的尺，測試你的視覺反應時間。

圖1：拿著尺，讓尺垂在受試者的拇指與食指之間。告訴受試者，你將在5秒內讓尺落下。

延伸思考

這個實驗測試了視覺反應時間。當受試者看到尺往下落，他們必須有意識的下決定去抓住它。你也可以利用相同的實驗設計來測試聽覺（聽）和觸覺（摸）的反應時間。為了測試聽覺反應時間，請受試者先閉上眼睛。當你要放手讓尺落下時，你必須説「放」。當受試者聽到「放」這個字，他們必須抓住尺。若要測試觸覺反應時間，同樣請受試者閉上雙眼。這次當你要放手丟尺時，輕拍受試者的腳。當受試者感覺到腳的碰觸，他們必須抓住正在落下的尺。比較視覺、聽覺、觸覺的反應時間，並解釋你的實驗結果。

試著在昏暗房間進行實驗，將反應時間與在明亮房間的結果進行比較。如果反應時間不同，你會怎麼解釋這個結果？請不同的受試者進行實驗，找出反應時間最快的人。你可以比較男孩和女孩的反應時間，或比較小孩和大人的反應時間。你也應該試著將實驗開始與放手丟尺之間的時間延長。例如：你可以告訴受試者，你會在10秒內放開手，而不是5秒內。這樣一來，或許能避免受試者預測你放手丟尺的時間。

 實驗時間

→ 45分鐘

器材

→ 尺
→ 紙
→ 鉛筆或原子筆

實驗步驟

1 抓住尺的末端（數值最大處），讓尺的另一端垂在受試者的拇指與食指之間。不要讓尺碰到受試者的手（**圖1**）。

（接續下一頁）

圖2：讓尺落下，並記錄受試者抓住尺的地方是在幾公分處。

2 告知受試者，你將在5秒內讓尺落下，他必須抓住下墜的尺（**圖2**）。

3 讓尺落下，記錄受試者抓住尺的位置是幾公分處（**圖3**）。

4 利用第45頁的圖表或公式，將這個距離換算成反應時間。

5 改變等待尺落下的時間，請受試者測試4或5次。這會避免你的受試者預測尺在何時落下。

6 為每個受試者計算平均反應時間。看看第45頁的數據表格範例。

圖3：為每個受試者計算出平均反應時間。

這個實驗不只包含反射運動，因為抓尺的動作需要意識思考。你的受試者為了抓住尺，必須有意識的下決定來使他們的手運動，並且將落尺旁的手指合起來。這個實驗測量了視覺訊息（尺的移動）從眼睛傳到腦部所需的反應時間。大腦必須處理這個訊息，接著傳送運動命令給手臂、手掌和手指的肌肉。如果一切進行順利，你的受試者就抓得住尺。

距離轉換表

距離	時間	距離	時間
5公分	0.10秒	10公分	0.14秒
15公分	0.17秒	20公分	0.20秒
25公分	0.23秒	30公分	0.25秒
35公分	0.27秒	40公分	0.29秒
45公分	0.30秒	50公分	0.32秒
55公分	0.34秒	60公分	0.35秒
65公分	0.36秒	70公分	0.38秒
75公分	0.39秒	80公分	0.40秒

利用以下公式計算出更精確的反應時間。t代表時間（秒），y代表距離（公分），g = 980.7（公分／秒2）（重力加速度）。

$$t = \sqrt{\frac{2y}{g}}$$

單元 4

味覺

味覺與嗅覺是能夠偵測環境中化學分子的兩種感官。而味覺相當仰賴嗅覺，舉例來說，當你舉起叉子或杯子，食物中的小分子會飄送到鼻子的受體。**味覺受體**可以偵測你放進嘴裡的食物和飲料中的化學物質。食物的味道能發送訊號，分辨這是好東西還是壞東西，這可幫助你享受剛出爐的餅乾，或警告你別吞下壞掉的牛奶。

你的舌頭上有數百個小突起，叫作**味蕾**。每個味蕾含有五十到一百五十個味覺受體細胞。這些細胞會對五種基礎味覺做出反應，提供訊息讓腦部接收，這五種基礎味覺分別是甜、酸、鹹、苦和鮮味（或稱旨味）。有的人喜歡吃辣，也有的人偏好清淡，或喜歡甜食勝過美味小吃。

人們對食物有特定的喜好，那是因為腦部對某些訊號做出的回應。味覺訊息會從受體出發，經過顏面神經和舌咽神經，傳送到大腦。這些神經會接收和傳送從舌頭、臉頰和上顎的受體來的訊息。本單元的實驗，將探索味覺和嗅覺之間的關聯，並且試著發現人的味蕾對食物和飲料的某些質地、顏色有什麼反應。

捏鼻子！味覺與嗅覺有什麼關係？

腦科學小知識

→ 從舌頭傳到大腦的味覺訊息，是透過兩種神經來傳遞：**顏面神經**（舌頭的前三分之二）和**舌咽神經**（舌頭的後三分之一）。

→ 舌下神經負責控制舌頭的運動。

→ 醬油、帕瑪森起司、蘑菇等食物擁有某些化學物質，能活化鮮味受體。

測試嗅覺對味覺的重要性吧！

⏰ 實驗時間

→ 15分鐘

🪝 器材

→ 刀子
→ 蘋果和梨子
→ 眼罩

⚠️ 注意事項

→ 小心食物過敏。

→ 用乾淨的刀子切水果之前，將水果和手洗乾淨。

→ 請一位大人協助你使用刀子。

📝 實驗步驟

1 用刀子把蘋果和梨子切成適口大小，共二十小塊（圖1）（蘋果十塊、梨子十塊）。

圖1：將蘋果和梨子切成二十塊。

2 請受試者戴上眼罩。

3 將一塊水果交給你的受試者，請他們品嘗（圖2）。

4 請受試者回答剛才吃的是蘋果還是梨子。

5 記錄答案。

6 重複實驗，請受試者測試五塊蘋果和五塊梨子。

圖2：餵水果給受試者品嘗。

圖3：捏住鼻子，並重複實驗。

7　接下來，請受試者捏緊自己的鼻子，透過嘴巴呼吸（**圖3**）。

8　用剩下的蘋果和梨子重複實驗。

9　記錄受試者能不能正確辨認出蘋果和梨子。

10比較兩種情況的結果。

延伸思考

請使用超過兩種不同的食物來進行實驗，增加受試者的難度。例如可以用不同口味的嬰兒食品或軟糖。測試的食物要有相同的質地，才可以避免提供可辨認食物的額外訊息給你的受試者。你也可以在水中加鹽、糖或檸檬汁，做成透明液體來測試，在受試者的鼻子打開或捏緊的情況下，品嘗液體並比較分辨能力。

原來如此

你的舌頭表面布滿微小突起，叫作**味蕾**。每個味蕾有五十到一百五十個受體細胞，各會對五種基礎味覺的其中一種最有反應，這五種基礎味覺分別是甜、酸、鹹、苦、鮮（或稱旨味）。這些受體細胞對五種基礎味覺都有反應，但只會對特定某一種的味覺反應最強。受體細胞的反應會提供腦部關於味覺的訊息。

味覺高度依賴嗅覺。當你把食物放進口中，食物的小分子會飄送到鼻子的特殊受體。這些分子進入鼻腔後，會溶解在黏液中，以便與受體結合。當這些化學分子和受體結合，受體會透過神經傳送電訊號到你的大腦。當你捏住鼻子，經過鼻腔受體的氣流就被阻斷了。因此，沒有了嗅覺訊息來幫助你辨認食物，味覺就變遲鈍了。這跟感冒鼻塞時，食物吃起來不太美味的原因是一樣的。

16 喝喝看！味覺與視覺的關聯

腦科學小知識

→ 味蕾不只在舌頭
  上，也存在臉頰
  和上顎。

→ 蝴蝶的腳上有能
  偵測化學分子的
  受體。換句話
  說，蝴蝶是用腳
  來品嘗味道。

→ 蚯蚓全身都有偵
  測化學分子的受
  體。

視覺如何影響人對味覺的感知。

圖1：將飲料混合。

⏰ 實驗時間

→ 1小時

→ 食用色素（與其中一種沖泡飲料的顏色相同）

🔧 器材

→ 四種不同的沖泡飲料，每種顏色
  皆不同

→ 量杯

→ 水

→ 透明杯

📝 實驗步驟

1 按照飲料包裝上的指示，沖泡每種飲料
  （圖1）。

2 將每種飲料的1/4杯（60毫升）倒入不同的透
  明杯中（圖2）。

圖2：倒清水或蘇打水到透明杯中。　圖3：加入食用色素。　圖4：請受試者辨認味道。

3　將60毫升的水倒入另一透明杯中。

4　滴幾滴食用色素到水中（**圖3**）。

5　請受試者嘗嘗看每一杯飲料，並辨認味道（**圖4**）。

延伸思考

如果沒有任何一位受試者被沒味道的有色飲料騙到，將有味道的飲料稀釋之後再實驗看看。稀釋的飲料味道會更微弱，或許能改變受試者對無味飲料的感覺。

食品和飲料公司為了知道消費者如何感覺產品，並且尋找讓產品更吸引消費者的方法，花費數百萬美元投資，研究食物的顏色如何影響嘗起來的味道。如果改變食物或飲料的顏色能賣掉更多產品，這些公司一定會做出改變。

人們喜歡吃下那些與預期顏色相符的食物。隨著經驗，人們學習到特定的食物會有特定的顏色。請看看手邊食品包裝上的標示，看看產品中添加了什麼人工色素吧。

原來如此

有受試者被有顏色的無味飲料騙到嗎？有些人會說，無味飲料嘗起來像其他飲料的其中一種。科學家對這類能呈現視覺如何與味覺和嗅覺交互作用的實驗，特別感興趣。當人們對某些顏色與味道的連結逐漸熟悉，就學會了預期特定顏色的食物有特定的味道。因此，經驗會改變我們的感知。

口乾舌燥？
口水對味覺很重要

腦科學小知識

→ 人類大約有一萬個味蕾。

→ 「味覺缺失症」指不具品嘗各種味道的能力；「味覺減退症」是指對味覺的感知能力減退；「味覺增強」是指味覺的能力增強。

→ 長頸鹿的舌頭長度將近74公分。

→ 味蕾大約每兩週會替換一次。

試試看，你是否能用乾燥的舌頭嚐出味道。

圖3：試著透過品嘗來辨認食物。

⏰ 實驗時間

→ 15分鐘

🔧 器材

→ 食物，例如糖、鹽和餅乾
→ 乾淨的廚房紙巾
→ 水（在兩個測試之間，用來漱洗你的嘴巴）

📝 實驗步驟

1 用乾淨的廚房紙巾把你的舌頭尖端變乾燥（圖1）。

2 放一點食物到你的舌頭上（圖2）。

3 試著單單利用味覺來辨識這個食物（圖3）。

圖1：用廚房紙巾把舌頭弄乾。

圖2：放食物到舌頭上。

4 用水漱洗你的嘴巴，接著再一次弄乾舌頭。

5 試試不同的食物。

6 重複以上實驗，但這次讓舌頭保持溼潤（圖4）。

圖4：用不同的食物重複實驗。

原來如此

當舌頭乾乾的時候，食物就不會有很多味道。你可能無法嘗出食物的味道，這是因為食物裡的化學分子必須溶解才能刺激受體。當你弄乾舌頭，也就去除了能溶解化學分子的唾液。當舌頭很溼潤，食物中的化學分子會順利溶解，並與味覺受體結合。

延伸思考

許多書籍或網站有舌頭地圖，呈現出鹹、甜、酸和苦味的味蕾各自在舌頭上的哪些位置。利用鹹、甜、酸或苦味液體或食物，滴幾滴在你的舌頭上，測試舌頭地圖的準確性吧。試著將嘗出這些味道的位置，與舌頭地圖所呈現的位置做比較。你將發現，你的舌頭地圖和從書上看到的不一樣，你可能會很驚訝，但不用擔心自己的舌頭是不是有問題。過去教科書中典型的舌頭地圖，後來被發現其實是錯誤的，因為新的研究證實：在舌頭的所有地方都能找到偵測所有味覺的受體。

單元 5

嗅覺

嗅覺是除了味覺之外另一種能偵測環境中化學分子的感官。人可以接受到飄在空氣中或進入鼻子中的化學分子。就像味覺一樣，嗅覺能讓人感到愉快，也幫助人避開不安全的食物、飲料和環境。嗅覺可以讓人享受烤餅乾的香氣，或從煙霧警告判斷附近有火災。有些嗅覺還能誘發記憶，幫助人記得過去的人事物。

當來自環境的化學分子進入人的鼻腔時，分子會溶解在嗅覺上皮的黏液層中，嗅覺上皮是鼻子中的一層膜。當你捏著鼻子，就阻斷了通往鼻腔受體的氣流，所以就沒辦法聞到任何東西。化學分子溶解之後，會與**毛細胞**（或叫受體）接觸，毛細胞位於嗅覺上皮，與軸突相連。這些軸突傳送電訊號到嗅球，嗅球會傳送訊息給大腦。

這個單元的實驗將會探索嗅覺如何運作，了解味覺和嗅覺如何一起運作，以幫助大腦對一個物體形成完整的形象。

嗅覺偵探

腦科學小知識

→ 人類擁有大約四千萬個嗅覺受體，而德國牧羊犬有二十億個嗅覺受體。

→ 沒有嗅覺的人所患的病症，叫作「嗅覺缺失症」。

→ 青椒的氣味特別容易辨認，只要混在空氣中千億分之五就可被偵測到。

人類可以分辨數千種氣味。這個實驗將測試你的嗅覺敏感度。

⏰ 實驗時間

→ 30分鐘

✂ 器材

→ 香水或古龍水
→ 容器，例如用過的優格杯
→ 量杯
→ 水
→ 馬克筆
→ 實驗紀錄簿

📝 實驗步驟

1 加一滴香水或古龍水到容器中（**圖1**）。

2 然後將180毫升的水加入容器中（**圖2**）。

3 在容器底部用A、B、C……字母做記號。在實驗紀錄簿上，記下

圖1：加一滴香水。

字母和容器加了幾滴香水。

4 加三滴香水和180毫升的水到另一個容器中。一樣在容器底部標上英文字母和加了幾滴香水。

5 繼續製作不同的溶液：加入不同滴數的香水，但加一樣多的水。至少做五種不同的溶液。記得在容器底部標記，並確實記錄。

6 製作好所有溶液，就可以開始實驗了。將容器放在受試者面前，請他們將容器依照氣味濃淡排列（**圖3**）。

圖2：將水加入香水中。

圖3：依照氣味濃淡排列容器。

圖4：確認標記。

原來如此

當飄散在空氣中的化學分子進入鼻子，嗅覺才會形成。化學分子必須溶解在**嗅覺上皮**（鼻子中的一層膜）的黏液層中，才會被偵測到。化學分子溶解後，會與嗅覺上皮的受體（毛細胞）接觸。受體與神經元的軸突相連，軸突會傳送電訊號到嗅球。訊息會從嗅球傳送到腦部的許多區域，包含嗅覺皮質、海馬迴、杏仁核和下視丘，幫助我們了解這些訊號的意義。

7　在受試者依照氣味將容器排列好之後，看看每個容器底部的標記，確認受試者的排列是否正確（**圖4**）。

延伸思考

檢查你的數據，確定受試者是否能夠將溶液正確排列。如果排列不正確，確認受試者是否都在同一個地方犯錯。同時，確認人們在重複嘗試排列溶液時，是否會遇到更多困難。當人們花更多時間聞每種溶液，氣味的分辨能力會愈好，還是愈差？如果這個測驗對你的受試者來說太困難，在相鄰的容器中加入更多香水或古龍水，讓溶液之間的差異更大。

製作香水卡

腦科學小知識

→ 天然氣本來沒有氣味。人們刻意將硫醇加到天然氣中，讓天然氣聞起來像臭雞蛋，這是為了更輕易偵測到瓦斯漏氣。

→ 臭鼬噴霧的臭味來自化學物質丁硫醇。

你可能看過插在雜誌裡的一刮即香的香水卡。

自己做一個吧！

圖1：壓碎香料和花。

圖2：與膠水混合。

圖3：將混合的膠水塗在索引卡上。

圖4：等膠水乾燥。

⏰ 實驗時間

→ 1小時

🔧 器材

→ 剪刀
→ 紙、硬紙板或索引卡
→ 乾燥香草植物，例如牛至草、羅勒、迷迭香和蒔蘿
→ 香料，例如肉桂和丁香
→ 花
→ 膠水

📝 實驗步驟

1 將紙剪成邊長5公分的正方形。

2 將香草植物、香料或是壓碎的花（**圖1**），與數滴膠水混合（**圖2**）。

3 然後將混合的膠水塗在紙上（**圖3**）。等膠水乾燥（**圖4**）。

4 刮一刮乾燥的膠，聞一聞卡片。

❓ 原來如此

刮膠水時，會將化學分子從被固定的香草、香料和花裡釋放出來。這些化學分子接著飄散在空中，進入你的鼻子並與受體結合。

💡 延伸思考

大腦中，有許多區域負責接收嗅覺訊息，它們是大腦**邊緣系統**的一部分。邊緣系統對於情緒行為和記憶很重要。由於嗅覺、情緒、記憶之間的關聯很近，有些氣味能讓你想起過去的人物、地點和事件。當你度過日常的一天，想想那些氣味，以及因為氣味而製造的記憶吧。當你聞到某種特別的花香，或聞到剛烤好的餅乾時，可能會喚醒某個強烈的記憶。

臭T恤

腦科學小知識

→ 汗主要是由水及少量的油脂、鈉、鉀和鈣所組成。

→ 人體共有兩百萬到四百萬個汗腺。

→ 除了嘴唇和耳道內側以外，身體其他地方全都有汗腺。

→ 蚊子是受到身體氣味的吸引。

在這個實驗挑戰臭T恤吧！

⏰ 實驗時間

→ 五天

🔧 器材

→ 五件T恤（相同款式、相同顏色）

→ 五個大塑膠袋（能裝下T恤的大小）

→ 紙膠帶

→ 馬克筆

📝 實驗步驟

1 提供五位彼此認識的受試者各一件T恤（**圖1**）。

2 請受試者們連續穿T恤五天，每天一小時（**圖2**）。任何時間都不能清洗T恤。

圖1：提供T恤給受試者，並在上面標記代號。

3 第五天時，受試者必須將T恤放進塑膠袋並還給你（**圖3**）。

4 用紙膠帶和馬克筆在袋子上標記特別的代號，只有你知道哪件T恤是哪個人的。

5 將袋子混在一起，請你的受試者透過嗅覺，找出自己穿的T恤，並辨認其他T恤各是誰穿的（**圖4**）。

圖2：請受試者每天穿T恤1小時。

圖3：將T恤放在塑膠袋中歸還。

圖4：試著透過嗅聞，辨認T恤。

延伸思考

比較看看，請測試者辨識自己親戚的T恤，相較辨認其他人T恤的能力有沒有差異。實驗的結果可能告訴你，彼此相關或住在同個房子裡的人會有相近的氣味。如果T恤的氣味不濃，請受試者將T恤穿得更久，或者穿去運動。

原來如此

T恤吸收了穿的人的身體氣味。每個人的氣味都是獨一無二的，因為氣味受到汗、飲食、肥皂、洗髮精和藥物的影響。汗由皮膚腺體產生，幫助人們維持體溫。當汗與皮膚上的細菌混合，就產生了體味。大部分的人能輕易的辨認出自己的T恤，但辨認他人的T恤時，就有點困難。

調香師

腦科學小知識

→ 早期的香水材料，包括了鯨魚嘔吐物和動物的尿液。

→ 調香師是指製造香水的人。

→ 有些昂貴的香水只要五毫升就價值超過一百美元。

利用這些配方，調配出你最愛的香味。

⏰ 實驗時間

→ 30分鐘

🔧 器材

→ 7湯匙（100毫升）的水
→ 攪拌碗
→ 新鮮盛開的花
→ 咖啡濾紙
→ 香草精
→ 肉桂粉
→ 丁香
→ 裝香水的容器或噴瓶

📝 實驗步驟

配方一

1 將水倒入攪拌碗中（**圖1**）。

2 加入一撮新鮮切碎的花到水中（**圖2**）。帶有濃烈氣味的花效

果較好，例如紫丁香、薰衣草、橙花和忍冬。

3 將水和花的混合液靜置一晚（**圖3**）。

4 用咖啡濾紙過濾混合液，將過濾後的液體裝入乾淨的容器或噴瓶中（**圖4**）。

5 擠壓咖啡濾紙，擠出所有液體。

圖1：將水加入碗中。

圖2：加入切碎的花或肉桂和丁香。

圖3：靜置一個晚上。

圖4：用咖啡濾紙過濾。

配方二

1　將水倒入攪拌碗中。

2　加入1毫升（3～4滴）香草精、一小撮肉桂和少量丁香到攪拌碗中。

3　將混合液靜置一晚，再用咖啡濾紙過濾到乾淨的容器或噴瓶中。

4　聞一聞液體。如果你想要更多成分，就把它加進去、靜置一晚，再過濾
　　一次。

原來如此

花朵、香草植物和調味料的化學分子會溶解在水中。當化學分子從水中釋放，它們會飄在空氣中，如果進入你的鼻子，你就會聞到它們。化妝品公司為了吸引消費者，每年花費數百萬美元來研發新款香水。有些香水的氣味對某些人很有吸引力，但對其他人而言可能是討厭的味道。

延伸思考

利用香料和香草植物來製作新香水，例如薄荷、迷迭香和橙皮。許多不同植物的精油也能用來製作香水，不過比較貴。檸檬、雪松木、佛手柑、香草、茴香、薄荷和薰衣草等精油，可製作出良好的香水。只需要添加少少幾滴精油到水中，就會產生濃郁的氣味。

單元 6

視覺

眼睛是通往外界的窗。即使在黑暗的房間裡，或是只有星光的夜晚，眼睛裡的**光感受器**或**視網膜**最底層的細胞，會將外界光線亮度的訊息傳到神經系統，讓大腦接著處理訊息。一旦大腦處理了來自受體的訊息，就算只有短短一瞥，也能辨認出人和物體。

從眼睛受體接收訊息到看見並辨認圖像，短短數毫秒內，就能讓你辨認出物體的形狀、尺寸、距離、運動和顏色。透過從受體來的訊息，可以輕易辨認出同學、朋友的臉，推測經過身旁的汽車速度，以及欣賞精美的藝術作品等。

本單元的實驗將帶你探索眼睛裡的受體如何運作，大腦如何理解從受體接收的訊息，以及「觀看」的過程是多麼的快速，宛如閃電一般。還有，你將透過實驗認識**視錯覺**，呈現出大腦如何對所見的事物做出假設，以及觀看圖像的過程並非想像中簡單。你將會驚訝的發現愚弄大腦其實非常容易。

腦科學小知識

→ 成人的眼球長度
  不到2.5公分，嬰
  兒的眼球長度則
  是1.65公分。

→ 人類單一隻眼睛
  的重量約7.5公
  克。

→ 眼中的水晶體大
  約4毫米厚。

→ 水晶體中沒有任
  何神經和血管。

用放大鏡模擬眼睛裡的水晶體。

⏰ 實驗時間

→ 30分鐘

🔧 器材

→ 膠帶
→ 白紙
→ 放大鏡
→ 鉛筆

📝 實驗步驟

1 在正對窗戶的牆上貼一張白紙。
  牆必須距離窗戶約5公尺。

2 將放大鏡置於距離白紙約10公分
  處（**圖1**）。

3 將放大鏡前後移動，使窗戶的圖
  像對焦（**圖2**、**圖3**）。

4 將圖像畫在紙上，把它與直接
  用肉眼看到的窗外景象做比較
  （**圖4**）

圖1：將放大鏡置於距離牆上白紙約10公分處。

圖2：移動放大鏡，使圖像對焦。

圖3：觀察窗外的物體。

圖4：你看見物體在紙上顛倒了嗎？

延伸思考

連接水晶體的小肌肉能夠收縮，使水晶體變薄。這個作用可以改變光線經過水晶體的情形，並幫助光線對焦在視網膜上。**近視**是因為光線對焦在視網膜之前，使得遠處的物體看起來模糊不清。而裝有凹透鏡的眼鏡能幫助近視的人矯正視力。而**遠視**則是因為光線對焦在視網膜之後，因此需要在閱讀時戴眼鏡。凸透鏡的眼鏡能幫助遠視的人將近處的物體看清楚。

用不同透鏡和放大鏡進行實驗。比較不同透鏡將光線對焦在紙上所需的距離。同時觀察當光以某個角度穿過透鏡時，圖像會發生什麼變化？

凸透鏡

凹透鏡

原來如此

我們所見的光只是環境中存在的電磁輻射的一小部分。電磁輻射的能量是由波的形式來傳遞。當它的波長在380～760奈米時，這種形式的能量就能被我們看見，因為我們眼中的視網膜有特別的細胞（光感受器），會對這些波長有反應。

無論窗外有什麼東西，你所看見投射在紙上的影像都是顛倒的。光線穿過放大鏡的透鏡，並且上下顛倒、左右相反的投射在紙上。這就是光線經過你眼中的**水晶體**並投射在視網膜上所發生的事。視網膜上的光感受器對光產生反應，傳送電訊號到大腦。大腦能夠理解這些訊號，並明白右邊其實是左邊、上面其實是下面。

史楚普效應

史楚普效應

腦科學小知識

→ 這個實驗叫作
史楚普效應。
是由約翰‧萊德
利‧史楚普（J.
Ridley Stroop）
於一九三○年代
所發現。

→ 當人們進行史楚
普實驗時，大腦
的扣帶迴區域會
有反應。

利用這個實驗證明文字的顏色如何
影響閱讀。

⏰ 實驗時間

→ 30分鐘

🔧 器材

→ 2張紙
→ 彩色馬克筆
→ 計時器

📝 實驗步驟

1 在其中一張紙上，用馬克筆寫下
兩列顏色的名稱（圖1）。

2 第一列用與字義相同顏色的馬克
筆來寫（圖2）。例如用紅筆寫
下「紅」字，用綠筆寫下「綠」
字。

3 第二列用與字義不同顏色的馬克
筆來寫（圖3）。例如用綠筆寫「
紅」，用藍筆寫「綠」。

圖1：用彩色馬克筆寫下顏色名稱。

4 現在，大聲念出這兩列。計時看看你花了多久
時間念出字的「顏色」（圖4）。不要念字的
音，而是念出寫每個字時所使用的顏色。舉例
來說，如果你用紅色馬克筆寫下「綠」字，你
應該要念「紅」。

5 比較你念每一列的顏色所花的時間。

圖2：第一列使用與字義相同顏色的筆來寫。

圖3：第二列使用與字義不同顏色的筆來寫。

圖4：在彼此輪流念出兩列字的顏色時，幫對
方計時並比較。

原來如此

對大部分的人來說，當字的顏色與字義指的顏色不同時，比較難説出正確的字色。這顯示了一個功能（閱讀字義）如何干擾另一個功能（説出字色）。會如此困難的原因可能是你閱讀字義的速度比辨認字色來得快。或者，辨認字色發生問題是因為這需要用上比閱讀字義更多的注意力。

延伸思考

用不同方式改變文字列，看看怎樣能讀得更快。如果將文字列顛倒或轉90度，會發生什麼事？寫下第三列色字，但將文字鏡像。舉例來說，用綠色馬克筆寫「環」，就是「紅」字的鏡像。試著寫一排不是指顏色的文字列。例如用不同顏色的馬克筆寫下「書」、「貓」、「車」和「天」等字。念出這些新文字列的字色是否比較容易？

腦科學小知識

→ 章魚、烏賊和花枝不具有盲點，因為牠們的光感受器是在視網膜的最裡層。

→ 視神經包含大約一百二十萬個軸突。

→ 視網膜的厚度大約在100〜230微米之間。

尋找眼睛中位於視網膜上的盲點。

⏰ 實驗時間

→ 30分鐘

🔧 器材

→ 紙
→ 黑色馬克筆
→ 尺

📝 實驗步驟

1 如**圖1**，在紙的左邊畫一個小圓圈，右邊畫一個X。圓圈和X必須間隔約15公分。

2 將紙拿在面前，距離一個手臂長。紙的中心點與你的臉中心點要呈一直線。

3 閉上你的右眼（**圖2**）。

圖1：畫一個圓圈和一個X，間隔約15公分。

4 用左眼看X。當你用左眼看X時，應該仍能在周邊視覺看見圓圈。

5 看著X的同時，緩慢的將紙移動，靠近你的臉（**圖3**）。持續用左眼看X。

6 當X與你的臉近到某個距離時，圓圈將會消失不見。

7 如果把紙拿得離臉更近，圓圈會再次出現。

圖2：拿著紙，閉上一隻眼。

圖3：把紙拿近。

原來如此

眼中的視網膜有許多不同的細胞層。視網膜最底層含有對光線敏感的光感受器。光感受器有兩種，**桿細胞**對微弱光線、輪廓和移動有反應。**錐細胞**則在明亮光線下運作，提供色彩和細節的訊息。錐細胞分成三種，各自對特定波長的光線敏感。

光感受器與視網膜的其他細胞層相連。視網膜最內層細胞的軸突收束在一個叫作**視神經盤**的位置，或稱**盲點**。這個區域沒有光感受器，因為這裡被視神經占據了，這些視神經會將視網膜的訊息傳到大腦。所以當你將紙在面前來回移動時，代表你正在移動圓圈在視網膜上的投影。當投影剛好落在視神經盤時，由於沒有光感受器可以感覺光線，所以你就無法看見圓圈了。

延伸思考

假設你閉上一隻眼睛，保持頭部不動並看向遠方，你不會察覺到自己的盲點。光線當然有落在你的盲點上，但你會看見沒有中斷的畫面。會這樣是因為大腦填補了盲點產生的空缺。實驗看看，你的大腦如何將其他圖像補在盲點上，以創造完整的畫面。例如：紙的左邊不要畫圓圈，改成從X的地方畫一條延伸的粗線。在線的中間留一段空白，然後重複盲點測試。當那段空白落在你的盲點時，發生了什麼事？

如果上述的粗線在空白後換成別的顏色呢？現在，當空白落在你的盲點時，發生了什麼事？

試試看別的圖樣，測試你的大腦創造完整畫面的能力。試試這些圖樣，並自己設計一款盲點測試圖。

腦科學小知識

→ 人眼的視網膜含有大約一億兩千萬個桿細胞、六百萬個錐細胞。

→ 色盲的人是因為缺少某一種或多種錐細胞。

→ 大約有8%的男人和0.5%的女人有色盲。

在微弱光線下，你的辨色能力如何？

⏰ 實驗時間

→ 30分鐘

🔧 器材

→ 五種不同顏色的卡片，例如小張彩色圖畫紙或彩色便利貼

📝 實驗步驟

1 確認每張卡片要一樣大。如有需要，將卡片剪裁成相同尺寸。

2 在每張卡片的背後標上不同數字，從1開始標（**圖1**）。

3 在光線充足的房間內，辨認每張卡片的顏色（**圖2**），記錄標號和顏色。

4 把卡片洗牌，讓它們的排列順序

圖1：在每張卡片上寫數字。

不再相同。

5 到局部黑暗的房間，或調暗房內的燈光（**圖3**）。在昏暗房間內重複卡片辨色的活動。房間不能完全黑暗，仍可以看得見東西。

6 比較在明亮房間和昏暗房間內的卡片辨色結果（**圖4**）。

圖2：辨認顏色。

圖3：到昏暗房間中。

圖4：複辨色活動。

原來如此

雖然人可以在黑暗中看到動作和形狀，但可能難以說出正確的顏色。請記得，視網膜上的錐細胞對特定頻率的光有最佳反應，因此它們傳遞的是顏色的訊息。然而，錐細胞需要明亮光線才能運作良好。在低光源的情況下，則由另一種光感受器，也就是桿細胞接管。桿細胞對光線強度的變化敏感，會提供運動和形狀的資訊，而不是色彩的資訊。所以在黑暗中，你可以看到卡片的形狀，但看不出它的顏色。

延伸思考

你的雙眼需要幾分鐘來適應黑暗。檢測你進入黑暗房間後，在不同時間偵測顏色的能力，藉此觀察人眼如何適應黑暗。

許多人有色盲，尤其是男人和男孩。最常見的色盲類型是缺少分辨紅色和綠色的能力。用不同深淺的紅色和綠色重複色卡實驗吧。可以上網打關鍵字「石原氏色盲檢測圖」，檢測看看自己的辨色能力。

腦科學小知識

→ 人類有三種錐細胞，分別對紅光、綠光、藍光的波長最為敏感。

→ 有些蜘蛛不只有八隻腳，還有八隻眼睛。

→ 蜻蜓眼睛的水晶體數量可達三萬。

將圖像從你的視野邊緣移到視野中心，看看你在觀看物體移動、顏色和細節的能力上有什麼差別。

⏰ 實驗時間

→ 30分鐘

🔧 器材

→ 鉛筆
→ 量角器
→ 白紙
→ 膠水
→ 硬紙板
→ 彩色筆
→ 冰棒棍
→ 線

📝 實驗步驟

1 在白紙上用鉛筆沿著量角器的邊緣描一圈（圖1）。將白紙黏在硬紙板上，等膠水乾燥，再沿著鉛筆線剪下。

2 將量角器度數標在圓弧上（圖2）這就是你的「視野測驗儀」。

3 用彩色筆在冰棒棍的一端寫一個

圖1：複製一個量角器。

字母或數字（圖3）。

4 將測驗儀平舉到你的面前，讓測驗儀的中心正對你的頭部中心，剛好位於眼睛下方。

5 向前看，將冰棒棍抵著測驗儀的邊緣，舉在頭部其中一側。

6 持續看向前方，慢慢將冰棒棍移動到測驗儀中間（圖4）。

7 當冰棒棍愈來愈靠近中間，注意你是從什麼時候開始能看見棍上字母或數字的移動、形狀和顏色（圖5）。把你能觀察到字母移動、形狀和顏色的度數記錄下來。

8 測試頭部兩側的情況，多重複幾次實驗。

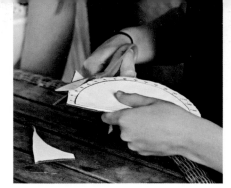

圖2：把度數標上去。

圖3：在冰棒棍上寫一個數字。

圖4：將冰棒棍抵著測驗儀的邊緣移動。

圖5：記錄你從哪個位置開始能看見數字的移動、形狀和顏色。

延伸思考

錐細胞專門用來觀看顏色和細節，但它們需要明亮的光線來運作。使用測試儀時，調整房間內的光線明暗，試看看當圖像移到哪裡，你可以看到清楚的圖像及顏色吧。你也可以改變冰棒棍上的圖像，例如將不同動物的圖像黏在冰棒棍上，看你何時能辨認出來。你可能要等圖像移到你的正前方時，才能夠辨認出圖片上是狗還是貓。

原來如此

當冰棒棍上的圖像移動時，冰棒棍反射的光線會經過你的角膜和瞳孔，進入你的眼中。光線會通過你眼中的水晶體，接著落在視網膜的光感受器上。來自右側的光線會落在視網膜的左側，來自左側的光線會落在視網膜的右側。當冰棒棍朝著測試儀的中間移動，來自圖像的光線落在視網膜中心的部分就會愈來愈多。

你可能可以在冰棒棍超出頭部兩側時看見它移動，但除非棍子移到測驗儀中間，不然無法看見它的顏色或形狀，而且棍子得移到非常中間，才可能看清楚。這個實驗所要呈現的是，負責觀看物體移動、形狀或顏色的光感受器分別位在視網膜的不同位置。

錐細胞負責視覺的顏色，主要位於視網膜的中心。桿細胞則大量分布在視網膜的邊緣，並不提供有關顏色的訊息，但它們對於物體的移動十分敏銳。

腦科學小知識

→ 有些動物擁有看
  見紫外線或紅外
  線輻射的光感受
  器。

→ 箱形水母有24隻
  眼睛。

紅色什麼時候變成綠色？藍色什麼時候變成黃色？就在進行這個實驗的時候！

圖3：盯著它們15秒。

⏰ 實驗時間

→ 10分鐘

器材

→ 紅、藍、綠和黃色馬克筆

→ 白紙

實驗步驟

1 用紅、黃、綠、藍色馬克筆（**圖1**）各畫一個邊
  長3公分的正方形（**圖2**）。

2 盯著這些正方形組成的空白中心15秒（**圖3**）。

圖1：使用紅、黃、綠和藍色馬克筆。

圖2：畫四個方形，組成「田」形。

圖4：盯著白紙的空白處來看見殘影。

原來如此

眼睛裡的視網膜有不同種類的細胞，分別對不同波長的光有反應。其中，錐細胞對紅、藍、綠光最為敏感。當你盯著一個特定顏色太久，這些光感受器會感到疲憊。當你緊接著看向白色背景時，疲憊的受器仍不會運作。因此，來自不同顏色的受器傳遞的訊息會不平衡，你就看見了顏色的「殘影」。經過一小段時間，受器準備好再次運作，你的視覺很快就會變回正常狀態。

延伸思考

數位照片可用來製造某些不尋常的顏色殘影。從電腦中找出一張顏色鮮豔的照片，在電腦螢幕旁拿著一張白紙。盯著照片15秒後，將視線轉移到白紙上，就會看見殘影。

3 將你的視線移到白紙的空白處中間（圖4）。

4 注意你看到的顏色，以及顏色出現在白紙上的位置。

28 貝漢轉盤

腦科學小知識

→ 貝漢轉盤的發明，以標題「人造光譜面」的論文發表於一八九四年的《自然》雜誌。

→ 科學家古斯塔夫·費希納（Gustav Fechner）和赫爾曼·馮·亥姆霍茲（Hermann von Helmholtz）比查爾斯·貝漢（C. E. Benham）更早使用黑白轉盤進行實驗。費希納和馮·亥姆霍茲都注意到，轉動黑白轉盤會使人感知到色彩。

轉動黑白光碟，讓顏色出現吧！

圖1：將光碟塗成一半黑、一半白。

⏰ 實驗時間

→ 1小時

🔧 器材

→ 白色與黑色顏料
→ 畫筆
→ 光碟
→ 黑色馬克筆
→ 膠水
→ 彈珠

📝 實驗步驟

1 將光碟一半塗上黑色，一半塗上白色（圖1）。

（接續下一頁）

原來如此

一八九四年，玩具製造商貝漢發現，擁有特殊黑白圖樣的轉盤能使人看見色彩。貝漢稱這個轉盤為「人造光譜面」，並由牛頓先生公司販售。可以說，貝漢轉盤的成因讓科學家困惑了超過一百年。

視網膜是由兩種對光敏感的受器所組成：錐細胞和桿細胞。錐細胞對於色彩視覺很重要，而且擅長在明亮光線下運作。我們有三種錐細胞，分別對特定波長的光線最敏感。桿細胞則是對低光源下的視覺很重要。

旋轉的貝漢轉盤所出現的顏色，可能發生在視網膜和視覺系統其他部分的改變。轉盤上的黑白區域可能以不同的方式活化了視網膜的鄰近區域，這個替代反應可能造成神經系統之間的交互作用，進而產生了顏色。

另一個解釋貝漢轉盤產生顏色的理論，重點放在研究不同錐細胞所需的反應時間如何不同，以及不同錐細胞處於活化的時間長度確實不同的這件事實上。因此，旋轉轉盤時，白色活化了三種錐細胞，但接著黑色去活化它們。由於不同的錐細胞所需的反應時間不同，維持活化的時間長短也不一樣，所以這一連串活化和去活化的過程就造成了訊號的不平衡。大腦接收了這個不平衡的訊號，造成了顏色的感知。然而，無論哪一種理論，都不能完全解釋貝漢轉盤，這個錯覺背後的解釋仍然未明。

貝漢轉盤【續前頁】

圖2：白色區塊的表面畫上線條樣式。

2 等顏料乾後，用黑筆（**圖2**）在光碟的白色區塊畫上線條（請見參考樣式）。

3 將光碟翻面，沒有畫畫的那一面朝上，將彈珠黏在光碟中間的洞（**圖3**）。等膠水乾燥。

4 將光碟翻面，彈珠放在桌上。輕輕按住光碟再扭一下，讓光碟旋轉（**圖4**）。你看見了什麼顏色？

參考樣式

圖3：將彈珠黏在光碟底部。

圖4：讓光碟旋轉。

有些人注意到貝漢轉盤的顏色會隨著轉盤旋轉的速度而改變。實驗看看以不同速度和方向（順時鐘和逆時鐘）旋轉，來測定顏色何時出現以及何時最鮮豔吧。你也可以試著在不同光線狀態下進行實驗。分別在陽光下、白熾燈泡、日光燈下進行實驗，看看對顏色的感知有什麼差異。

本實驗中，貝漢轉盤所使用的樣式只是參考。你可以改變轉盤上黑色與白色的比例，持續進行研究。也試著改變黑線的粗細、數量、位置和圖樣。這些改變如何影響你轉動轉盤時對顏色的感知呢？將觀察記錄下來。你甚至可以改變線條的顏色。要是用藍線取代黑線時，會發生什麼事？

詢問色盲的人在貝漢轉盤中看見了什麼，或許能透露更多有關轉盤如何運作的線索。色盲的人的視網膜缺少一種或多種錐細胞，問問他們在看著旋轉的貝漢轉盤時，到底看見了什麼，並比較他們與沒有色盲的人對顏色的感知結果。

單元 7

觸覺

觸覺讓人知道自己是正在撫摸貓咪柔軟的毛，還是碰到了針的尖端。第一層皮膚稱為**表皮**，在表皮之下的是**真皮**。真皮包含了許多讓人對觸覺做出反應的受體。其實，觸覺是多種而非單一種的感官。與受體相連的神經元會傳送觸摸、疼痛、熱、冷和壓力的訊號到神經系統。皮膚內不同的受體可讓人知道物體的壓力、振動、伸縮和質地。

因為有觸覺，人可以知道自己是用身體的哪個部位碰觸物體，或是感覺物體是否正在動。就算只是輕輕的觸碰，也能活化人的感覺受體。這些受體連接著軸突，軸突會傳送電訊號到脊隨。大腦接收那些訊息，就能辨認出另一個人或物體與你皮膚的什麼地方進行接觸，以及這個人或物體感覺起來如何。本單元的實驗將探索你的皮膚敏感度，以及物體觸碰皮膚所造成的感知。

一個點或兩個點

腦科學小知識

→ 沒有毛髮的皮膚叫作光滑皮膚。

→ 不同類型的皮膚受體對不同類型的觸摸產生反應。魯氏神經末梢是對壓力產生反應的受體，梅斯納氏小體對輕觸產生反應，巴氏小體是對振動產生反應，而游離神經末梢則對溫度和疼痛產生反應。

→ 成人有大約4.1公斤的皮膚。皮膚是人體最大的器官。

你身體的哪個區域對觸覺最敏感呢？

⏰ 實驗時間

→ 45分鐘

🖊 器材

→ 牙籤
→ 尺
→ 橡皮筋

⚠ 注意事項

→ 測試臉部的皮膚時，必須格外小心。請記得只能輕觸，而且絕對不要將牙籤靠近受試者的眼睛。

📝 實驗步驟

1 用橡皮筋將兩根牙籤固定在尺上（**圖1**）。一根牙籤對齊尺的第一個數字，另一根則固定在與第一根牙籤距離約3公分的位置。確保兩根牙籤的尖端彼此平齊。

圖3：確保兩根牙籤的尖端同時碰到皮膚。

2 輕輕用牙籤觸碰受試者的手背（**圖2**）。受試者在測試過程中不可以看到受測區域的皮膚。不要壓太用力。

3 確認兩個尖端有同時碰到皮膚。詢問受試者感覺到的是一個壓力點或兩個壓力點（**圖3**）。如果受試者說一個點，則把兩根牙籤離遠一點，再一次觸碰手背。如果受試者說有兩個點，則把兩個尖端推近一點，再測試一次。

4 當受試者從「我感覺到兩個點」變成「我感覺到一個點」時，讀出兩點在尺上相距的距離（**圖4**）。

圖1：把一根牙籤固定在尺上。

圖2：用牙籤輕觸受試者的手。

圖4：測量兩個尖端的距離。

延伸思考

利用這個實驗來觀察身體不同區域對觸覺的敏感度，例如手臂、腿部、手指、背部、頸部、頭部、手掌和腳趾。比較身體不同區域對兩個點產生反應所需的距離，並看看它們與已發表的實驗結果是否相符（請見下表）。身體的哪個部位最敏感呢？換句話說，身體的哪個部位在偵測到有兩個點時，兩點的距離（也就試閾值距離）最相近？

位置	閾值距離	位置	閾值距離
手指	2～3毫米	上脣	5毫米
臉頰	6毫米	鼻子	7毫米
手掌	10毫米	額頭	15毫米
腳	20毫米	腹部	30毫米
前臂	35毫米	上臂	39毫米
背部	39毫米	肩膀	41毫米
大腿	42毫米	小腿	45毫米

以上數據來自發表於期刊《The Skin Senses》之閾值實驗，由D. R. Kenshalo編輯（Springfield, IL: Thomas, 1968）。

原來如此

皮膚由許多層組織構成。最外層的皮膚叫作**表皮**。表皮負責生成新的皮膚細胞、給予皮膚顏色，以及幫助保護身體。在表皮之下的是真皮。**真皮**除了形成汗水和油脂、長出毛髮、提供血液到皮膚，還含有對觸摸產生反應的特別細胞，也就是受體。皮膚受體與神經元相連，神經元會將觸摸、溫度、壓力和疼痛的訊號傳遞到神經系統。

皮膚受體在我們的身體上並非均勻分布，有些地方的皮膚比其他地方有更多的觸覺受體，例如手指和嘴脣的觸覺受體比背部和腿部多。

壓力偵測機

腦科學小知識

→ 身體某些部位的皮膚只要移動0.001毫米，就能偵測到壓力。

→ 星鼻鼴鼠的鼻子擁有的觸覺受體比人類手部擁有的多了將近六倍。

→ 軀體感覺是指有關皮膚的感覺訊息。

製作觸覺測試儀，
壓力偵探機，出動！

⏰ 實驗時間

→ 30分鐘

器材

→ 剪刀
→ 不同粗細的單絲釣魚線
→ 尺
→ 膠水
→ 冰棒棍
→ 眼罩

實驗步驟

1　用剪刀將不同粗細的單絲釣魚線各剪4公分長（圖1）。

2　將每段釣魚線與冰棒棍呈直角，黏在冰棒棍的末端，做成測試儀（圖2）。等膠水乾燥（圖3）。你完成的測試儀應該長得像這樣：

圖1：剪下4公分長的釣魚線。

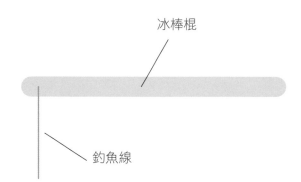

冰棒棍

釣魚線

圖2：將釣魚線以直角黏在冰棒棍上。

圖3：等膠水乾。

圖4：用線碰受試者的手。

3 為了測量受試者的敏感度，請蒙住他們的眼睛。用測試儀觸碰受試者手部的皮膚，直到釣魚線彎曲（**圖4**）。

4 詢問受試者有沒有感覺到任何東西。

5 如果受試者沒有感覺，改用較粗的線來重複實驗。如果受試者感覺到觸碰，改用較細的線來重複實驗。

6 記錄受試者所能感覺到最細的釣魚線尺寸。

原來如此

觸覺偵測閾值是觸碰某人讓他説出「嘿，我感覺到了」的最小值。不同粗細的釣魚線能讓你對身體不同部位的皮膚施以不同的壓力。當有足夠的訊號從皮膚受體傳抵大腦，一個人就能感覺到觸碰。

延伸思考

用這個方法測試受試者身體的不同部位。比較手指、手、手臂、背部、腿、腳的皮膚偵測閾值。身體的哪個區域最敏感或最不敏感？也比較看看年輕人和老年人、男孩和女孩的觸覺偵測閾值。

砂紙測試儀

腦科學小知識

→ 人全身上下最薄的皮膚就在眼皮。

→ 有些人天生缺少感覺疼痛的能力。

用砂紙來偵測觸覺敏感度。

⏰ 實驗時間

→ 30分鐘

🔧 器材

→ 五種不同粗糙度的砂紙
→ 剪刀
→ 硬紙板
→ 膠水

📝 實驗步驟

1 準備五種不同顆粒（粗糙度）的砂紙。砂紙背面應該印有標示粗糙度的號碼。

2 將砂紙剪成邊長10公分的正方形，每種粗糙度的砂紙各五張。

3 將硬紙板剪成二十五張邊長10公分的正方形（圖1）。

4 將每張砂紙黏在硬紙板上。

5 將粗糙度的號碼標在每張砂紙卡的粗糙面上（砂紙那一面）。

6 將砂紙卡混在一起，砂紙那面朝下（圖2）。

7 用你的手指搓一搓砂紙，感覺上面的顆粒。

8 靠著你對砂紙的觸感，將砂紙卡分成五堆，同一種粗糙度的砂紙分在同一堆（圖3）。

圖1：剪砂紙。

圖2：將粗糙面朝下並混合。

圖3：靠觸感把砂紙卡分堆。

9 將每一堆砂紙卡依照滑順到粗糙排列。

10 將砂紙卡翻面，看看你是不是準確的將相同粗糙度的砂紙放在同一堆。

原來如此

手指搓砂紙時，會刺激皮膚上的受體，例如巴氏小體和梅納斯氏小體。當砂紙的每一顆突起移動經過一個受體，就形成了一個訊號。皮膚受體與神經的軸突相連，軸突將電訊號傳到脊隨，接著訊號會從脊髓傳到大腦，形成觸覺和粗糙度的感知。

延伸思考

再試一次砂紙實驗，但這次手指不要搓揉砂紙，改用按壓的方式。比較按壓砂紙和搓揉砂紙時的感覺，用此方法時，準確度有何不同？

點字系統

腦科學小知識

→ 路易‧布雷爾於一八○九年一月四日出生於法國。他為盲人研發了一套由凸起的點組成的系統，當時年僅十五歲。布雷爾小時候在一次工廠意外中，失去了他的視力。

→ 點字的平均閱讀速度約每分鐘一百二十五個字。

設計一套英文點字系統，用來測試你的觸覺敏感度。

⏰ **實驗時間**

→ 30分鐘

✂ **器材**

→ 英文點字字母表
→ 紙
→ 白膠
→ 剪刀

📝 **實驗步驟**

1 點字表中的每個字母都是由一組黑點組成。影印或從電腦印一份點字表的圖（**圖1**）。

2 在每一個黑點上，用白膠點一個小點（**圖2**）。

3 每一個字母之間留一點空間（**圖3**）。

4 等白膠乾後，就完成可感覺的點字字母了。

5 將每個字母剪下，試著只用觸覺，按照順序排列字母。

abcdefghij

図1：每個點字字母都是用一組點組成。

klmnopqrst

uvwxyz

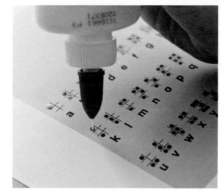

図2：用白膠在每個黑點上點一個小點。

図3：字母之間留一點空間。

原來如此

點字符號是使用一種凸點系統，讓人可以利用觸覺來閱讀。盲人或弱視的人將手指在凸點間移動，來感覺不同的字母。透過理解凸點代表的意思，就能閱讀字詞。

延伸思考

學習閱讀點字吧。首先練習A到J，它們只用到上面四個點。接下來的十個字母（K到T）和前十個字母很相似，但它們在最下排左側多了一個點。U、V、X、Y、Z和K、L、M、N、O很相似，但它們在最下排右側還有一個點。W則不遵從其他字母的圖樣。請練習只用觸覺來辨認不同的字母，將字母拼成單字。當你準備好時，到圖書館，請館員提供一本英文點字書給你。試試看，你能夠閱讀那本書嗎？

點這裡、點那裡

腦科學小知識

→ 皮膚的顏色受到某一種蛋白質影響，這種蛋白質叫作**黑色素**。

→ 每個人都應該防晒，保護皮膚不受陽光傷害。

→ 大腦會生成一種化學物質叫作**腦內啡**，作用在神經元，功能是減少疼痛。

透過尋找觸碰到你皮膚的點，來測試你的觸覺敏感度。

⏰ 實驗時間

→ 30分鐘

🔧 器材

→ 眼罩
→ 洗得掉的馬克筆，兩種顏色
→ 尺

📝 實驗步驟

1 請受試者戴上眼罩。用馬克筆在受試者的手臂上點一下，留下一個小記號（**圖1**）。

2 把另一種顏色的馬克筆交給受試者（**圖2**）。

圖1：將受試者的眼睛蒙住，用馬克筆在他的手臂上畫一個點。

3 請受試者用馬克筆碰你剛才點他的地方（**圖3**）。

4 用尺測量你畫的點和受試者畫的點之間的距離（**圖4**）。

5 在受試者手臂和手的不同位置重複幾次實驗。

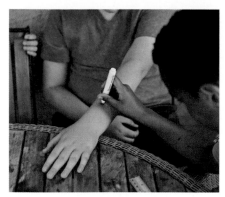
圖2：給受試者另一種顏色的馬克筆。

圖3：請受試者觸碰被畫的點。

圖4：用尺測量兩點之間的距離。

原來如此

輕觸皮膚會活化感覺受體。這些受體與軸突相連，軸突會傳送電訊號到脊髓。訊息接著傳到大腦，讓人知道有某個東西觸碰了皮膚的某處。兩個點距離較近的皮膚區域代表是身體較敏感的區域。觸覺愈敏感的區域有愈多受體。

延伸思考

除了測試手和手臂的皮膚，還可以測試身體的其他部位，例如腳、腿和軀幹。比較並找出兩點距離在身體的哪個部位最短。為了增加實驗的困難度，請受試者改碰記號在身體對側的位置。換句話說，如果你碰了受試者的左手中心，請他們在右手的相同位置做記號。若要再讓實驗更加困難，則請受試者在你畫完點之後，等一、兩分鐘，再請他們畫記號。

神祕盒

腦科學小知識

→ 皮膚總表面積約為1.93平方公尺。

→ 手部大約有一萬七千個觸覺受體。

→ 當溫度達45℃時,人們會感到疼痛。

裡面是什麼呢?只有盒子知道。

⏰ 實驗時間

→ 1小時

🪝 器材

→ 剪刀
→ 鞋盒
→ 襪子
→ 膠帶(防水布膠帶最佳)
→ 紙盒的裝飾品,例如畫、照片、貼紙
→ 放在紙盒中的物品

圖1:在盒子上剪一個比你的手大的洞。

📝 實驗步驟

1 用剪刀在鞋盒的一側剪一個洞,洞的大小剛好能讓你的手通過(圖1)。

2 剪掉襪子的指尖處,形成管狀。

3 將襪子的一端貼在紙盒上,讓襪子成為連通盒子內外的「隧道」(圖2)。

4 用圖畫、照片和貼紙裝飾紙盒。

5 將許多小物品放入盒中(圖3)。

6 請受試者伸手通過襪子到盒內,辨認裡面有什麼物品(圖4)。

圖2：剪襪子，將它黏在盒子上。

圖3：將物品放入盒中。

圖4：試著靠觸摸來辨認物品。

 原來如此

想要讓實驗變得很簡單，就用常見、熟悉的物品，例如湯匙、小球或海綿。若是想讓實驗變得很難，也可以用不常見的物品，像是一塊肥皂、一片鋁箔或玩具動物。或是在盒子裡放木製或塑膠字母或數字，並嘗試辨認看看。如果有成對的物品，也可以運用盒子裡玩起配對遊戲。只要將一個物品放在盒中，成對的另一個物品則呈現或放在受試者的手上。你的受試者接下來必須伸手進盒中尋找配對的物品。

戴上手套，來了解皮膚和受體對你的感覺能力的重要性。當你戴著橡膠洗碗手套、棉質手套或皮革手套等，伸手進到盒中時，手套將會阻擋皮膚上的許多受體做出反應。

延伸思考

神祕盒可以把視覺和聽覺隔開來，因此，觸覺會是用來辨認物品的主要感官。然而，我們仍有其他感官可以幫助觸覺。例如，在關節和肌肉中，有特別的感覺細胞能告訴我們身體的位置和肌肉強度，物品的重量也可能提供了辨識的線索。

觸覺迷宮

靠視覺很難走出迷宮，那就試著只用觸覺來完成。

腦科學小知識

→ 來自皮膚受體的感覺訊息是由大腦頂葉的**體覺皮質**來處理。

→ 巴氏小體是以義大利解剖學家菲利浦‧巴齊尼（Filippo Pacini, 1812～1882）命名。

圖2：走迷宮。

⏰ 實驗時間

→ 30分鐘

✂ 器材

→ 大剪刀
→ 幾塊硬紙板，至少為邊長21公分的正方形
→ 鉛筆
→ 白膠

📝 實驗步驟

1　用剪刀剪幾塊正方形硬紙板，每一塊的邊長約21公分。

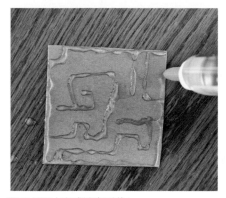
圖1：用膠水完成迷宮形狀。

圖3：用更多膠水將迷宮的牆增高。

圖4：再試一次。

2 用鉛筆在紙板上畫一個迷宮路線。

3 在路線上塗一層膠水（圖1）。

4 等膠水乾燥，閉上眼睛，用手指放在膠水路線上來走迷宮（圖2）。

延伸思考

如果迷宮太難走，讓膠水乾了之後再塗上一層，將迷宮增高（圖3）。這應該能讓你更容易找到路（圖4）。你可以製作好幾個相同路線但不同高度的迷宮，用計時器測量，觀察走出不同迷宮所需的時間有什麼不同。你也可以用一個迷宮來研究「學習」的影響。在你開始走迷宮的時候計時。當你完成迷宮，記錄所需的時間。同一個迷宮重複幾次，記錄每次完成的時間。以x軸為測驗次數、y軸為你花的時間來畫一個圖表，看看你有沒有隨著次數進步。

原來如此

當你將手指撫過膠水，觸覺受體會傳遞訊息到脊髓，再傳到大腦。如果大腦偵測到手指不在膠水路線上了，訊號會傳回脊髓，接著傳到手臂、手和手指的肌肉來修正你的錯誤。從手指的皮膚到大腦，再從大腦回到手指的這個傳遞途徑，可以幫助你走出迷宮。

單元 8

聽覺

耳朵，那頭部兩側的軟盤狀物可不只是為了好看，還幫助人辨認和回應周遭的環境發生了什麼事。消防車警報器、狗的吠叫聲，海浪聲、風吹拂葉子的沙沙聲，所有的聲響都在空氣中製造了看不見的振動，也就是**聲波**。這些振動讓氣壓改變，使你耳朵裡的耳膜，或稱鼓膜也動了。

有三根小骨頭與耳膜相連，分別叫作鎚骨、砧骨和鐙骨。由於這些骨頭離耳膜非常近，所以會接收來自耳膜的振動。骨頭會將振動傳遞給耳朵裡一種像蝸牛的構造，叫作**耳蝸**。耳蝸裡的受體細胞接著會產生電訊號，將電訊號從耳朵傳到大腦。

大腦形成了聽覺，幫助人了解聲音的響度與音調。大腦利用這些感知來幫助你辨認聲音、避免危險、與人溝通，以及享受音樂。

本單元的實驗會帶你研究聲音的本質，描繪氣壓如何改變以形成聽覺，並介紹大腦、耳蝸受體、聽覺神經在接收和處理聲音時，扮演了什麼角色。

模擬耳膜

腦科學小知識

→ 青蛙的耳膜位在身體的外側、眼睛的後方。

→ 人類可以聽見的聲波頻率範圍是20～20000赫茲。

→ 人體最小的骨頭是位於耳朵的鐙骨。鐙骨長約2.5～3.3毫米,重約1.9～4.3毫克。

透過簡單的實驗來模擬耳膜的運作方式,看看聲音如何透過空氣傳送,並且使耳膜振動。

⏰ 實驗時間

→ 20分鐘

🔧 器材

→ 保鮮膜

→ 寬口容器

→ 橡皮筋

→ 米或其他小顆粒

→ 金屬餅乾烤盤(或其他可製造聲音的物品)

📝 實驗步驟

1 用保鮮膜封住容器的開口,確認保鮮膜呈現緊繃狀態(圖1)。

2 用橡皮筋套住容器,確認保鮮膜封在容器上(圖2)。

圖1:用保鮮膜封住容器開口並拉撐。

3 放幾顆米在保鮮膜上面(圖3)。

4 拿著餅乾烤盤到保鮮膜附近。

5 敲擊餅乾盤,製造出聲響,看看米粒有沒有移動(圖4)。

圖2：用橡皮筋固定住保鮮膜。

圖3：將米放到保鮮膜上，在一旁敲擊餅乾盤。

圖4：觀察米粒是否隨著聲音的振動而移動。

延伸思考

絕大多數的樂器都是透過某種振動來製造聲音。舉例來說，吉他和小提琴有琴弦，能以不同頻率來振動。不同長度、粗細、鬆緊和材質的琴弦會產生不同的聲音。小號和單簧管則是透過管中的空氣振動來產生聲音。

用塑膠尺或木尺做個簡單的樂器吧！將尺平放在桌上，大部分懸空在桌緣之外。用手將尺彎過桌緣再快速放開，尺會來回反彈並產生聲音。將尺以不同長度懸空在邊緣並彈撥它，比較尺產生的聲音與尺反彈的頻率。

原來如此

巨大聲響製造了**聲波**（空氣壓力改變），使保鮮膜振動，保鮮膜的振動使米粒移動。聲波以一樣的方式使**耳膜**（鼓膜）振動。耳膜與耳朵裡的**三小聽骨**（鎚骨、砧骨和鐙骨）相連，因此當耳膜振動，骨頭也跟著振動。這些骨頭會將振動傳遞給內耳的**耳蝸**，耳蝸是一種長得像蝸牛、充滿液體的構造。耳蝸內有受體細胞，會產生電訊號，並透過聽覺神經傳遞到大腦。

聲音搖搖瓶

腦科學小知識

→ 暴露在巨大聲響中，會傷害耳蝸裡的受體細胞，造成聽覺喪失。

→ 大象可以聽到十公里以外的同伴發出的聲音。

弄點聲音出來吧！用容易製造聲音的搖搖瓶來探索聽覺。

⏰ 實驗時間

→ 30分鐘

🔧 器材

→ 有蓋的塑膠容器，例如底片罐、優格杯或寶特瓶

→ 填充物，例如乾燥種子、生豆子、米、砂子、鵝卵石、硬幣、彈珠和石頭

→ 膠帶

→ 裝飾物，例如貼紙、色紙和雜誌剪報（非必要）

✏️ 實驗步驟

1 將乾燥種子、生豆子、米、鵝卵石、砂子或其他小東西分別放入不同的容器中，大約四分之一或半滿（圖1）。

圖1：填充容器。

2 用蓋子或膠帶將容器的開口密封，防止填充物掉出來（圖2）。

3 用貼紙、色紙或雜誌剪報裝飾容器（此為非必要的步驟）。

4 搖一搖容器（圖3），比較不同材質製造出的聲音有什麼不同（圖4）。

圖2：將開口密封並裝飾容器。

圖3：搖一搖，比較聲音。

圖4：不同材質的聲音聽起來不同嗎？

原來如此

用搖搖瓶製造的聲波造成空氣壓力改變。當聲波進入耳中，會使耳膜振動。耳膜的振動會使中耳三根相連的骨頭移動，骨頭使螺旋狀構造的耳蝸內的液體跟著動。耳蝸內有一層膜，膜上有受體細胞，受體細胞一動，就會傳送電訊號。這些電訊號再透過聽覺神經傳遞到腦部。當電訊號抵達大腦顳葉的聽覺皮質時，就會感知聲音。

延伸思考

用聲音搖搖瓶進行猜一猜的遊戲。其他人猜得出每個容器中放了什麼東西嗎？你還可以用相同材料製作出兩個聲音搖搖瓶，混在好幾種搖搖瓶中，看看誰能辨認出哪兩個搖搖瓶使用了相同的材料。請注意，假如要製作相似的聲音搖搖瓶，一定要在容器中放等量的材料，這樣其他人才無法透過重量來猜測答案。

採集戶外的聲音

腦科學小知識

→ 笛子吹得出高頻率的聲音，狗和貓可以聽見，但人類聽不見。

→ 在空氣中，聲音的速度大約是每小時1235公里。

該去戶外散步了。別忘了帶實驗紀錄簿。

圖5：大家都聽到了一樣的聲音嗎？

⏰ 實驗時間

→ 30分鐘

✂ 器材

→ 紙
→ 原子筆或鉛筆

📝 實驗步驟

1 找一個散步的好地方，例如公園、海灘或人行道（**圖1**）。

2 仔細聽（**圖2**）。

3 寫下所有聽到的聲音（**圖3**）。

圖1：找一個好地方坐下來。

圖2：聽一聽。

圖3：寫下聽到的聲音。

圖4：比較每個人聽到的聲音。

原來如此

我們聽到的聲音通常只是環境中的一小部分。

人不可能將注意力放在周遭發生的所有事情上面。環境中有些事對我們來說並不重要，所以我們會自動選擇忽略。在這個實驗中，你必須注意那些原本可能沒聽到的聲音。

每當發生了某些對我們來說重要的事情時，即使本來沒注意到，也會很快意識到。舉例來說，假設你在一個很吵的地方吃午餐，同時與幾個朋友在聊天，如果這時隔壁桌有人提到你的名字，即使你並沒有參與隔壁桌的對話，你也很可能會聽見自己的名字。

延伸思考

派幾個朋友去散步並記錄聽到的聲音。他們可以各自外出，也可以一起行動。請每個人寫下他們在一段特定時間內聽到的所有聲音。除此之外，每個人必須到一個指定的區域待著，例如公園、操場或後院。結束時，比較大家的聲音列表（圖4），看看有沒有人聽到相同的聲音（圖5）。

定位聲音來源

擁有兩隻耳朵有多重要呢？比較看看，用一隻耳朵聽，或用兩隻耳朵聽，在判定距離上有什麼差異？

腦科學小知識

→ 海豚和蝙蝠會發出聲波，並等待聲波訊號反彈回來。這叫作**回音定位**，可以用來尋找食物，以及在環境中穿梭。

→ 聲音的響度是以分貝為測量單位。

圖2：測量距離並做記號。

⏰ 實驗時間

→ 30分鐘

🔧 器材

→ 膠帶
→ 碼尺或捲尺
→ 製造聲音的物品，例如鈴鐺
→ 馬克筆

📝 實驗步驟

1 用膠帶在地上做一個X的記號（**圖1**）。

2 從X出發，每距離2公尺就貼一條膠帶做記號（**圖2**）。

3 用馬克筆在每個膠帶記號寫上與X的距離：2、4、6、8公尺等等。

4 請受試者站在X的位置並閉上雙眼。

5 你站在某個膠帶記號上，然後面向受試者（**圖3**）。

6 搖鈴鐺。受試者現在必須告訴你，你站在哪一條膠帶上。

7 試試不同的距離，記錄受試者能不能正確的判斷每個距離（**圖4**）。

8 重複以上實驗，但這一次，請受試者用手蓋住一隻耳朵。

圖1：用膠帶貼一個X。

圖3：站在記號上搖鈴鐺。

圖4：在不同的距離測試不只一人。

原來如此

大部分的人會發現用兩隻耳朵比較容易定位聲音的來源。判斷聲音位置的能力受到兩個因素影響：第一，聲音從身體的一側來的時候，會有直接的路徑到達那一側的耳朵，但頭部阻礙了聲音到達另一側的耳朵。因此，當聲音的來源與某側耳朵相同時，進入同側耳朵聽到的聲音會比進入相反側耳朵的聲音大一點點。第二，聲音進入兩隻耳朵時，會有小小的時間差。大腦能利用這個時間差來協助聲音定位。當蓋住一隻耳朵時，大腦就無法利用兩隻耳朵聽到的不同響度或聲音抵達耳朵的時間差來判斷聲音來源。因此遮擋一隻耳朵，對大腦來說會比較難定位聲音。

延伸思考

改變受試者聽聲音的方式，來研究參與聲音定位的因素。請受試者在嘗試辨認聲音位置時，背向你或轉向一邊。請確認看看，用一隻耳朵或兩隻耳朵分辨聲音位置，準確度有差異嗎？

單元 9

睡眠與生理時鐘

睡眠占了人生大約三分之一的時間，睡覺時對周圍環境毫無感知。如果人不必睡覺，不是很好嗎？這樣就可以完成更多事情了。然而，睡眠對健康來說很重要。晚上若少了良好的睡眠，會感到焦慮、疲倦，也難以做出好的決定。

人的身體和大腦內建了以二十四小時為週期運作的時鐘。在這二十四小時的週期中，不同的身體系統會從充滿活力到缺乏活力，而注意力、心律、體溫、荷爾蒙的高低，都只是遵從生理時鐘眾多功能中的一小部分。

這個單元的實驗會帶你探索各種生物節律的起伏，包括自己的、其他人的，還有動物的。這些實驗所採用的步驟和器材都很簡單，但是都需要仔細的觀察。當你研究自己時，把你的行為盡可能詳細的記錄下來。研究其他人或動物時，請從他們原本的生活環境中觀察，不要打擾或影響對方。

記錄你的睡眠行為，以及每晚所做的夢境。書寫睡眠日誌是研究睡眠的好方法。

腦科學小知識

→ 人類每天的睡眠大約八小時，長頸鹿一天大約只睡兩小時，棕蝠一天大約睡二十小時。

→ 失眠症是一種常見的睡眠障礙。

→ 班傑明・富蘭克林曾寫下：「早睡早起使人健康、富裕又聰明。」

缺文

實驗時間

→ 每天之中的幾分鐘，持續至少一週

器材

→ 原子筆或鉛筆
→ 實驗紀錄簿

實驗步驟

1 將筆和實驗紀錄簿放在你的床旁邊（**圖1**）。

2 睡覺（**圖2**）。

3 起床時，立刻寫下或記錄所有你記得的夢境。

圖1：將筆和實驗紀錄簿放在床旁邊。

圖2：睡覺去。

原來如此

起床後立刻寫下夢是最好的，因為夢境的事件和細節會隨著時間淡忘。練習記錄夢境，幾天後，你會更擅於記住自己在夢中發生了什麼事。

當你睡覺時，大腦會經歷一個規律的腦電活動週期。請記得，神經元就像小電池一樣會製造微小的電力。睡眠研究人員可將電極連接到一個人的頭皮上，來記錄這樣的腦電活動（腦波）。腦波圖儀（EEG）是一種能放大並記錄電訊號的儀器。

當人清醒時，腦波圖是由低幅和頻繁的波所組成。入睡後，腦波圖會漸緩且幅度變大，接著又回到幅度較小，頻率較頻繁的波。大約入睡九十分鐘後，腦波圖看起來就像清醒狀態。然而，假設你觀察睡著的人的肌肉活動力，就會發現他的肌肉就像癱瘓一樣。但由於腦波圖看起來就像清醒狀態，所以這個睡眠階段叫作**矛盾睡眠**。因為此時人的肌肉處於癱瘓狀態，所以在矛盾睡眠時無法運動。大部分的夢發生在矛盾睡眠，也叫作**快速動眼期**，因為這段期間，睡覺的人眼睛會一直轉動。

延伸思考

請記住你的夢是否是彩色，盡可能寫下所有細節。甚至記錄你在夢中的心情、造訪的地點以及人名。回顧你的夢境紀錄，想想看是不是醒著時發生的事情又在夢中重現。

你可能想知道什麼因素會影響你的夢。例如心情好、充滿壓力或焦慮入睡時，夢境內容有什麼差別。入睡的時間和季節也可能影響夢境，所以不要忘了記錄你關燈的時間、星期和日期。收集許多夢境紀錄之後，回顧睡眠日誌，試著從所有的睡眠紀錄和夢境細節中尋找趨勢。

觀察睡覺的人,他們什麼時候處於快速動眼期。

腦科學小知識

→ 做夢可能發生在快速動眼期之外,但大部分強烈的夢都發生在快速動眼期。

→ 新生兒一天可以睡十六小時,而且大約花了一半的時間在快速動眼期上。

→ 海豚、鯨魚和某些鳥類睡覺時,一次只讓一側的大腦睡覺。

圖1：練習觀察眼球的運動。

圖2：觀察閉上的眼睛從一邊轉到另一邊時會發生什麼事。

圖3：當受試者睡著時，觀察他的眼球運動。

⏰ 實驗時間

→ 30分鐘

器材

→ 睡著的受試者，例如家人或朋友

⚠ 注意事項

→ 保持安靜，不要叫醒你觀察的人或動物

📝 實驗步驟

1 請受試者閉上雙眼，讓你練習觀察眼球的運動（**圖1**）。

2 請他們將眼睛從一邊轉動到另一邊（**圖2**）。

3 注意受試者眼皮後頭移動的小凸起。

4 當受試者睡著時，觀察他的眼球運動（**圖3**）。

💡 延伸思考

所有動物都會表現休息或睡眠的徵兆。觀察寵物或動物園裡的動物如何睡覺吧。你可能會注意到在快速動眼期，動物的眼睛轉動，或在睡眠的其他階段，肌肉會運動。

❓ 原來如此

大多數的夢境是發生在快速動眼期。睡眠研究人員使用昂貴的電子設備監測腦波，用來偵測快速動眼期，但本實驗只需要運用觀察力。當人們進入快速動眼期時，眼睛會來回轉動。即使受試者閉上了眼睛，你應該還是可以看得到眼球的運動。你需要很有耐心，因為一個人在睡著九十分鐘後，才會進入快速動眼期，而且一段快速動眼期只會持續幾分鐘。

腦科學小知識

→ 夢遊不是發生在
快速動眼期，人
們在夢遊時不會
出現夢境。

→ 猝睡症是一種睡
眠障礙，指的是
人會從清醒狀態
突然進入快速動
眼期。

你要花多長的時間才會入睡呢？睡眠研究專家威廉·查理·德蒙特（William C. Dement）博士建議用這個簡單的實驗來測量入睡所花的時間。

⏰ 實驗時間

→ 30分鐘

✂ 器材

→ 大餐盤
→ 實驗紀錄簿
→ 鉛筆或原子筆
→ 時鐘（或計時器）
→ 金屬湯匙

📝 實驗步驟

1 將餐盤放在床旁邊的地上。

2 在筆記本中，寫下你上床睡覺的時間點。

圖1：上床睡覺時，拿著一枝湯匙，懸在餐盤上方。

3 上床睡覺，一隻手拿著金屬湯匙，在地上擺一個餐盤，將湯匙懸在餐盤上方（**圖1**）。

4 入睡（**圖2**）。

5 如果你被湯匙敲擊餐盤的聲音吵醒，在紀錄簿中寫下醒來的時間（**圖3**）。

6 重複將湯匙懸在餐盤上的實驗，或直接入睡。

圖2：入睡。

圖3：掉落的湯匙吵醒你了！將那個時間記錄下來。

圖4：計算上床睡覺與湯匙掉落的時間差。

7 到了早上，計算你上床睡覺與被湯匙聲吵醒的時間差（**圖4**）。這個時間差就是你的睡眠潛伏期。舉例來說，假設你在晚上九點五分上床睡覺，在九點二十一分最後一回被湯匙聲吵醒，那麼你就是花了十六分鐘入睡。

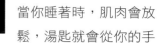

延伸思考

大部分的人關燈上床睡覺後，會在十到二十分鐘內睡著。如果太快睡著，可能代表他們睡眠不足。而入睡有困難的人可能是難以放鬆、感覺焦慮或有時差。喝太多咖啡或其他含咖啡因的飲料，也可能影響一個人的入睡能力和睡眠品質。觀察你的心情和行為如何影響你的睡眠潛伏期吧。睡覺前，記錄你的感覺和一天之中何時曾吃下含咖啡因的任何東西（例如汽水或巧克力）。測量睡眠潛伏期，比較你在不同心情、不同時間吃下不同分量的咖啡因之下，入睡所需的時間有何不同。

原來如此

當你睡著時，肌肉會放鬆，湯匙就會從你的手中落下。湯匙敲擊餐盤所產生的聲音會吵醒你。當然如果湯匙沒敲到盤子，你可能就不會醒來。如果發生這樣的情況，你可以提供湯匙更大的敲擊區域，例如大型金屬餅乾烤盤。

腦科學小知識

→ 人類的正常體溫 為 37℃，但根 據一天的不同時 間，會有1℃左 右的起伏變化。

→ 狗的正常體溫為 38.6℃。

→ 太熱時會中暑， 太冷時會失溫。

所有動物都有一個內建時鐘來控制 行為。維持每日作息的生理時鐘， 叫作約日節律。其中一種容易追蹤 的約日節律，就是體溫。

⏰ 實驗時間

→ 一天數次，每次5分鐘

🦜 器材

→ 電子體溫計
→ 原子筆或鉛筆
→ 實驗紀錄簿
→ 方格紙

☢ 注意事項

→ 不要使用含有液體的體溫計。

→ 學習如何正確使用電子體溫計。

→ 每次使用完體溫計後，請小心清 洗。

圖1：每兩小時測量一次體溫。

📝 實驗步驟

1 當你起床時，將電子體溫計放到舌下，測量你 的體溫。把時間和體溫記錄在實驗紀錄簿中。

2 從你早上起床的時間起，直到上床睡覺，每兩 小時測量一次體溫（**圖1**）。如果無法每兩小 時測量一次，那就盡可能頻繁的測量。

3 量體溫之前，不要吃、喝。每次都要用相同方 法來量體溫（**圖2**）。

圖2：每次用相同方法測量體溫。

圖3：記錄體溫。

4 收集完一整天的數據之後（**圖3**），在方格紙上將溫度紀錄繪製成圖表（**圖4**）。x軸是一天中的時間，y軸則是體溫。

圖4：將數據繪製成圖表。

原來如此

人的體溫通常呈現日循環。大部分的人在下午的體溫最高，在清晨時體溫最低。此外，年紀、活動力與壓力指數也會影響體溫。

大腦有一塊區域叫作**下視丘**，幫助人調節體溫。下視丘會接收有關皮膚溫度的訊息，也有感應器可偵測血液的溫度。為了將體溫維持在正常範圍，下視丘會傳送訊號到全身，控制流汗、顫抖和血管的直徑。如果皮膚溫度很低，下視丘會自動傳送減少流汗、減少皮膚的血流，以及開始顫抖的訊號。如果人感覺太熱，下視丘就會傳送開始流汗、增加皮膚血流的訊號。

延伸思考

結合本實驗與「實驗14你抓得住嗎？」。測量你抓尺的反應時間，並把「抓尺時間」與你的體溫一起畫成圖表。體溫與反應時間之間，有關聯嗎？

腦科學小知識

→ 約日節律(circadian rhythms)英文的「circadian」來自拉丁文，意思是「大約一日」。

→ 視叉上核含有大約兩萬個神經元。

→ 約日節律被打亂時，會發生時差。

追蹤小動物一整天的活動吧。

⏰ 實驗時間

→ 一整天

🚀 器材

→ 受試動物（狗、貓、魚或其他動物）
→ 時鐘
→ 實驗紀錄簿
→ 鉛筆
→ 計時器
→ 方格紙

📝 實驗步驟

1 決定要研究哪一種動物。家中的寵物是很好的受試動物，因為你可以長時間觀察（**圖1**）。

2 每兩小時（如果你想，也可以更頻繁）觀察受試動物五分鐘（**圖2**）。

圖1：觀察一隻動物的週期行為，例如魚。

3 在實驗紀錄簿上，記錄你進行觀察的時間點。

4 用計時器測量受試動物在這五分鐘內，花了多少時間進行不同的行為。例如你的受試動物可能花了一分鐘喝水、花了四分鐘閒晃，或可能整整五分鐘都在睡覺。

5 將受試動物進行每個行為所花的時間寫在實驗紀錄簿上。

6 觀察受試動物時，不要打擾牠。

圖2：每兩小時觀察一次。

圖3：將每個行為花費的時間繪製成圖表。

圖4：你還能觀察什麼動物？

7 將小動物一天中不同時間進行每個行為所花費的時間繪製成圖表（**圖3**）。圖表的x軸是一天中的時間，y軸則是不同行為所花的時間。

8 持續記錄數天（**圖4**）。

原來如此

在這個實驗中，你是在自然環境下研究動物行為。這種研究類型叫作**自然觀察法**。檢視你所繪製的圖表，可能會發現某些行為在一天中的某些時間更為常見。動物行為會遵從規律的模式，叫作約日節律。常見的約日節律是睡眠，而荷爾蒙、神經傳導物質、心律、飢餓和體溫也都呈現了二十四小時的規律模式。

下視丘有一個部分叫作**視叉上核**，視叉上核是大腦中協調所有約日節律非常重要的區域。大腦的這個區域會接收來自眼睛的訊號。日光對調節視叉上核的活動及設定每天的體內時間來說很重要。除了日光，運動、壓力、藥物和其他因子都會影響每天的活動節律。

延伸思考

你是早晨的雲雀，還是夜晚的貓頭鷹？或者說，你會在早上感到特別警覺並充滿行動力，或是在晚上感覺狀態最佳呢？記錄你每個小時的感覺，來追蹤自己的警覺程度。如果你覺得自己專注又機警，就寫下3分；如果你感到疲倦又渙散，就寫下1分；如果感覺在專注和疲倦之間，則寫下2分。

單元 10

記憶

記憶讓你成為了你。記憶告訴了你生活中所有人、事、時、地以及原因。如果少了過去的記憶，以及形成新記憶的能力，你會發現自己難以度過日常生活。

記憶是在三階段的過程中，隨著時間而形成。首先，資訊會儲存在感覺受體不到一秒的時間。如果你很專心，這個訊息就會進入**短期記憶**中。短期記憶一次只能保存少少的項目，所以容量有限。然而，如果短期記憶中的資訊不斷被重複以及給予意義，它就會進入**長期記憶**，永久儲存下來。

長期記憶有兩個基本類型：**陳述性記憶**和**程式性記憶**。陳述性記憶是關於名字、事實、日期的記憶。程式性記憶則是關於騎腳踏車、射籃等技能的記憶。由於大腦損傷的人可能是其中一種記憶發生問題，但另一種卻沒問題，所以可以推知大腦是以不同方式儲存陳述性記憶和程式性記憶。

接下來的實驗中，你將會研究記憶如何形成、如何回憶，並探索所看、所聽、所感的事物之短期記憶。你也將試著影響他人的記憶。這些實驗會呈現記憶是可能被改變，也可能隨著時間改變的。

實驗 45 短期記憶測驗

腦科學小知識

→ 短期記憶又稱工作記憶。

→ 「逆向失憶症」是指不記得受傷之前發生的事情；「順向失憶症」是指無法形成新的記憶。

→ 阿茲海默症患者會逐漸喪失記憶，並難以記住新的訊息。

利用常見的物品來測試短期記憶。

圖1：將十到二十個物件分散擺在托盤或盤子上。

圖2：用布或餐巾紙將物件蓋起來。

⏰ 實驗時間

→ 30分鐘

🔧 器材

→ 二十個小物件（例如橡皮擦、鉛筆、硬幣、彈珠等等）

→ 托盤或盤子

→ 能夠完全蓋住托盤的布或毛巾

→ 計時器

→ 提供給受試者的紙和鉛筆

📝 實驗步驟

1 將物件擺在托盤上（圖1）。

2 用布蓋住托盤（圖2）。

3 向受試者解釋，要他們在一分鐘之內記住托盤上的物件，記得愈多愈好（圖3）。

圖3：讓受試者花一分鐘記住托盤上有什麼。

圖4：蓋住托盤，請他們轉身，然後移走一個物件。

圖5：請受試者轉回來，並告訴你哪一個物件被移走了。

4 將毛巾或布從托盤上拿走，開始計時。

5 一分鐘後，將托盤蓋起來，請受試者寫下記得的物件。

延伸思考

在這個實驗中，你只用了二十個物件。如果想要增加實驗的難度，可以增加更多物件，或是縮短給受試者的時間。你也可在受試者第一次記憶物件的一天、一週或一個月後，確認他們的回憶，來看看這些物件是否進入了受試者的長期記憶中。另一個測試方法是，請受試者記憶物件，然後從托盤移走一個或多個物件（圖4）。現在，讓受試者看托盤裡的物件，問問他們知不知道哪個物件不見了（圖5）。

這個實驗也可以用來測試利用觸覺記憶物件的能力。利用二十個物件進行「實驗34神祕盒」。你的受試者必須從來沒看過盒中的任何物件。為了記住物件，受試者必須將手放到盒子裡去感覺。比較看看，利用視覺與利用觸覺記憶的能力，有什麼差別？

原來如此

要記住事情，你必須先專心。這樣才會將訊息傳送到短期記憶。少了重複和練習，訊息只會停留在短期記憶很短的時間，大約10～20秒，而且訊息量有限。有些研究顯示，短期記憶通常一次只能保存大約七個項目。

大腦有一塊區域叫作**海馬迴**，對從短期記憶形成長期記憶來說十分重要。海馬迴損傷的人可以記得剛剛發生的事，但如果沒有持續複習就會忘記。如果記憶是在海馬迴受傷之前就儲存了，那麼這個記憶就不會消失。

神經電話

腦科學小知識

→ 幻覺記憶是認為
剛才發生的事曾
經發生過的一種
感覺。

→ 充足睡眠是將記
憶移轉到長期記
憶所必需。

→ 電影動畫《海底
總動員》裡面的
多莉有順向失憶
症,她無法形成
新的記憶。

你對詞彙的記憶力如何呢?玩一場「神經電話」遊戲來考驗你的記憶力。

圖1:排成一個圓圈後,由一個人說一個詞彙來開始遊戲。

圖2：下一個人增加一個詞彙，沿著圓圈往下進行。

⏰ 實驗時間

→ 30分鐘

🔧 器材

→ 一群受試者

📝 實驗步驟

1 請一群受試者排成一個圓圈。一個人必須說一個有關大腦、神經細胞或感官的詞彙。例如這個人可以說「神經元」（**圖1**）。

2 第二個人必須跟著說「神經元」，接著加一個新的大腦詞彙，例如「視網膜」（**圖2**）。

3 第三個人必須說「神經元、視網膜」，並加上另一個詞彙，例如「皮質」。

4 持續遊戲直到有人忘記詞彙串中的一個詞。

💡 延伸思考

如果想要改變遊戲的規則，試著改用其他生活中常用的詞彙，或改用數字、字母和顏色。甚至可以重複說過的詞彙，來提高遊戲的難度。

原來如此

這個實驗研究的是**聽覺記憶**。聽覺記憶包含聽聲音、處理訊息、保留訊息以及回憶的能力。聲音進入耳朵，使受體傳送電訊號到腦部。腦部必須理解這些訊號、儲存訊息，接著在需要時想起。

每一次加入一個新詞彙到「神經電話」串中，大腦必須儲存額外的訊息。重複詞彙能幫助你將這些訊息保留在短期記憶中。然而，短期記憶的容量有限，無法儲存太多詞彙。

實驗 47

植入記憶

有時候大腦會自己創造記憶。

在這個實驗中,你將在另一個人的腦中植入不存在的記憶。

圖1:念詞彙表。

腦科學小知識

→ 神經科學家有時會在法庭訴訟時提供專家證詞,給予關於目擊者記憶的意見。

→ 研究人員正在研發能移除特定記憶的藥物。

→ 適度的運動能降低發生阿茲海默症的風險,阿茲海默症是一種造成記憶問題的大腦病症。

 ## 實驗時間

→ 30分鐘

 ## 器材

→ 詞彙表(下一頁)

實驗步驟

1 告訴受試者,你想要他們記住接下來將要念的二十個詞彙。

圖2：等待5分鐘。　　　　　　　　　　圖3：是否記得「睡眠」這個詞。

受試者可能會說記得「時鐘」、「夢」和「睡眠」。但哪些詞彙真的有在詞彙表中呢？只有「時鐘」和「夢」在表中，「睡眠」並沒有。也就是說，受試者聽了有關睡眠的詞彙，便植入了詞彙表中有「睡眠」這個詞的記憶。

這個實驗呈現出記憶並不是像電腦或錄音筆中的訊息那樣儲存在大腦中。相反的，記憶會受到大腦接收的其他事件和訊息的影響。記憶也會隨著時間改變。例如過去發生的事件細節可能很難想起來，而你可能不太確定真實發生的狀況。這個觀念對於那些在法庭上做出判決，必須推敲目擊者證詞的法官、律師和陪審團來說特別重要。

2 對受試者念出下列詞彙，約一秒唸一個詞（**圖1**）：

床　枕頭　毛毯　夜間　床墊　時間　夢　房間　疲倦　床單　昏睡
休息　黑暗　時鐘　小睡　打盹　安靜　瞌睡　嬰兒床　哈欠

3 等待5分鐘（**圖2**），詢問受試者：記得詞彙中有「時鐘」這個詞嗎？記得有「夢」這個字嗎？記得有「睡眠」這個詞嗎？

延伸思考

設計一組詞彙表，試試看能不能讓受試者產生假的記憶吧。你也可以選擇與運動、節日或地點有關的詞彙表。一組詞彙表至少要有二十個詞彙。

記憶的時間點

腦科學小知識

→ 記憶術是指幫你記住訊息的技巧。例如「夏太太派瀟灑哥背走路?啊!不得打卡啦!」是容易讓人記住臺灣十六族原住民族口訣:賽「夏」族、「太」魯閣族、「泰」雅族、「排」灣族、「邵」族、「撒」奇萊雅族、「噶」瑪蘭族、「卑」南族、「鄒」族、「魯」凱族、「阿」美族、「布」農族、賽「德」克族、「達」悟族、「卡」那卡那富族、「拉」阿魯哇族。

→ 「集組」是將多個物件分組形成小單位的記憶策略。例:16452013 這八個獨立數字可被減化成兩組:1645和2013。

研究聽到的詞彙順序,如何影響記憶這些字彙的能力。

⏰ 實驗時間

→ 30分鐘

器材

→ 詞彙表(如下)
→ 提供給受試者的紙和鉛筆

實驗步驟

1 告訴受試者,你將念一串詞彙,而對方的任務是盡可能的記住這些詞彙。

2 對受試者念出以下二十個詞彙,一秒念一個詞(**圖1**)。

貓	蘋果	球	樹	廣場	頭
房子	門	箱子	汽車	國王	
鎚子	牛奶	魚	書本	膠帶	
箭頭	花朵	鑰匙	鞋子		

圖1:念出詞彙表。

3 念完詞彙串,請受試者將他們能記住的詞彙寫下來(**圖2**)。

4 收集受試者記得的詞彙清單。

5 將念的每個詞彙標上「位置」,以此分析數據。第一個詞(貓)標上「1」,下一個詞(蘋果)標上「2」,以此類推。

6 將每個詞彙被幾個受試者記得的數據繪製成圖表(**圖3**)。

圖2：請聽者寫下他們記得的詞彙。

圖3：將結果畫成圖表。

原來如此

這個實驗通常會得到跟左圖相似的結果。這類的圖叫作序列位置曲線。詞彙表中，最先念和最後念的詞彙會比中間的詞彙更容易被記得。序列位置曲線呈現出兩種類型的記憶。一是最後念的詞容易被記住，是因為它們仍在短期記憶中。這叫作**新近效應**，因為這個詞彙是最近聽見的。最先念的詞也容易被記住，是因為它們變成了長期記憶。這叫作初始效應。

當某些詞對某些人來說有特殊意義時，可能較容易被記住。舉例來說，如果有人有養魚當寵物，聽到「魚」這個字時，他們可能會因為想到自己的寵物而記住了這個字。

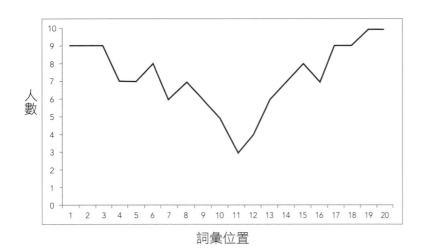

7 上圖呈現了序列位置曲線的範例。x軸是指每個詞彙的位置，y軸是記得每個詞彙的人數。在這個例子中，有九個人記得前三個詞，但只有七個人記得詞彙表中的第四個詞。

延伸思考

如果你的受試者可以記住二十個詞彙，那麼再增加十個詞來增加實驗的難度吧。你可以請一群不一樣的受試者進行實驗，並在實驗中讓他們分心。舉例來說，念出同樣的詞彙表，但念完之後立刻分散他們的注意力，請他們在15～30秒內以3為間格，從100開始倒數。將你的結果畫成圖表，找找看專心組和分心組之間的差別。

實驗 49

購物清單大挑戰

腦科學小知識

→ 與很久以前發生的事件有關的特殊氣味，常常會喚起過去的強烈記憶。

→ 當事件引發強烈的情緒時，往往會形成強烈的記憶。

→ 敲打頭部並不會讓失憶的人恢復記憶。

下次去商店，可能不需要購物清單了，因為你將會牢牢記住。

⏰ 實驗時間

→ 30分鐘

🔑 器材

→ 鉛筆或原子筆
→ 紙

📝 實驗步驟

1 去雜貨店之前，將需要購買的食物列成一張採買清單（圖1）。

2 重複念幾次清單上的品項來記憶它們。

3 帶著清單到商店裡（圖2）

圖3：靠著回憶清單來買東西。

4 當你在店裡時，不要看清單，靠著回憶清單上的品項來買東西（圖3）。

5 當你買完東西但還沒離開商店時，再回頭看看清單（圖4）確認沒有遺忘任何東西。

圖1：列清單。

圖2：帶著清單但不看它。

圖4：確認清單。你記得所有東西嗎？

延伸思考

「串連法」是一種記憶策略，可以幫助你記住一串詞彙。

這個方法需要形成這些詞的心理圖像，又稱為心像，然後將它們串連起來。心像的最佳連結是一些奇怪的圖。讓我們假設購物清單的前四項是蘋果、麵包、番茄醬和雞蛋。奇怪的心像可以是——用四顆蘋果當桌腳，再以一片麵包當桌面的畫面。下一個心像可能是——麵包片包在一罐番茄醬周圍，以及番茄罐頭打破雞蛋。你所要做的事是記得清單上的第一個字詞，然後一一喚起其他字詞的圖像。

原來如此

你記得購物清單上的所有東西嗎？背誦或複誦清單上的字，會幫你將短期記憶移到長期記憶，但你仍有可能會忘記某些品項。有些科學家認為人會遺忘，是因為新的訊息會干擾舊的訊息。當大腦的記憶途徑喪失時也會發生遺忘。有可能記憶仍在大腦中，但是難以回憶起來。

實驗 50　字詞記憶

腦科學小知識

→ 年齡二十歲、以英文為母語的人，平均大約知道四萬兩千個字彙。

→ 西蒙‧雷哈德（Simon Reinhard）是隨機詞語記憶的世界紀錄保持者。二〇一〇年，他能正確的記起僅僅花了十五分鐘所讀的三百個字。

有些字詞比其他字詞來得難記，特別是那些難以在你心中形成圖像的詞。在這個實驗中，你將會測試自己記憶具體、抽象和無意義詞彙的能力。

圖1：對受試者念出具體的詞彙，再請他們寫下他們記住的詞。

⏰ 實驗時間

→ 30分鐘

🚀 器材

→ 詞彙表（下一頁）

→ 提供給受試者的紙和鉛筆

📝 實驗步驟

1 告訴受試者，你將念一串詞彙，請他們試著記下愈多詞彙愈好。

2 以一秒念一個詞的速度，對受試者念一串具體的詞彙（圖1）。

圖2：接著念抽象詞彙，然後念無意義的詞彙。

圖3：他們記得多少詞彙？

3 念完後，請受試者把能夠記下的所有詞彙都寫下來。

具體詞彙表：

蘋果	窗戶	寶寶	小鳥	鞋子	蝴蝶	鉛筆	玉米	花朵
腰帶	鎚子	房子	金錢	椅子	海洋	汽車	石頭	書本
桌子	箭頭							

4 以一秒念一個詞的速度，對受試者念一串抽象詞彙，再請他們將能夠記得的所有詞彙都寫下來（圖2）。

抽象詞彙表：

憤怒	憐憫	無聊	理論	希望	努力	命運	自由	正義	幸福
榮耀	概念	點子	興趣	知識	信仰	心情	道德	機會	真理

5 以一秒念一個詞的速度，對受試者念一串無意義的詞彙，再請他們寫下所有能夠記得的詞彙（圖3）。

無意義詞彙表：

字晾	直元	王光	筆典	開零	力摸	里枯	丘菠	酥文	持晟	迪片
酷托	黑祖	航朋	漏井	恥爪	揪圖	去承	沿元	亞皮		

6 受試者在每串詞彙中記得多少個詞？數數看，並記下數目。

原來如此

大部分的人發現有真實物理結構的詞彙（具體詞彙）會比難以描繪的詞彙（抽象詞彙和無意義詞彙）更容易記住。具體性是指一個字彙形成心像的能力。舉例來說，每個人都知道蘋果長什麼樣子，但可能無法形成「真理」的心像。字詞的意義也有助於記住這個詞。無意義詞彙沒有意思，比具體詞彙和抽象詞彙更加難記憶。

延伸思考

自己設計一組詞彙表，研究什麼特性的詞彙讓人難以忘記。例如用四字成語或很長的諺語來做詞彙表，另一個詞彙表則都用單一個字組成。哪一個詞彙表比較難記呢？

實驗 51 ⚙ 空間記憶力

利用實驗測試你對空間的記憶吧！

腦科學小知識

→ **海馬迴**的英文「hippocampus」來自希臘語，意思是「馬」和「海怪」，因為這個大腦構造的模樣與海馬很相似。

→ 熟悉複雜的倫敦街道的計程車司機，擁有比一般人更大的海馬迴。

圖1：用粉筆、膠帶或三角錐劃定一個大而開放的空間。

⏰ 實驗時間

→ 30分鐘

器材

→ 粉筆或繩子

→ 眼罩

→ 網球

→ 計時器

實驗步驟

1 找一個大而開放的空間，或沒有障礙物的房間。

2 用粉筆、膠帶或三角錐劃定一個大型玩樂區（**圖1**）。

3 把受試者的眼睛蒙起來（**圖2**）。

4 把網球放在玩樂區的某個地方（**圖3**）。

5 請受試者去找網球（**圖4**）。

6 說「開始」來開始測驗和計時。

7 如果你們在室內，確認受試者不會撞到任何家具或牆壁。

8 當受試者找到球時，停止計時。記錄他找球所花的時間。

9 讓受試者回到開始測驗時的相同位置。

10 把網球放在與一開始相同的地方。

11 請受試者再找一次球，並記錄找到球所花費的時間（**圖5**）。

圖2：將受試者的眼睛蒙起來。

圖3：把網球放在玩樂區裡。

圖4：請受試者尋找網球，記錄他所花的時間。

圖5：讓受試者和球回到原處，重複實驗。

12 重複實驗幾次，比較不同測驗時，找到球所花的時間。將實驗結果繪製成圖表，x軸是測驗次數，y軸是找球所花的時間。

⊙ 原來如此

受試者找球所花的時間應該會隨著測驗次數增加而減少。記住位置的能力叫作**空間記憶**。當人們探索環境時，他們會在心裡形成空間地圖。海馬迴和部分大腦皮質是形成空間地圖時所使用的腦區。

💡 延伸思考

收集不同的小東西，例如硬幣、迴紋針、石頭、橡皮擦和鉛筆，然後將這些東西藏在你的家中。製作一張表，列出這些東西與它們所在的位置。把這張表放在信封裡，將信封放在一個安全的地方。至少過了一週以後，試著找出這些東西。如果你無法找到這些東西的位置，那就打開信封吧。

翻牌遊戲

腦科學小知識

→ 李奧納多·達文西（1452～1519）有個驚人的能力：就算只看過這個人一次，也能記住臉並精準的畫下來。

→ 當你感覺知道答案，但又偏偏想不起來時，就是發生了舌尖現象。

玩一場翻牌遊戲，測驗你記憶位置的能力。

⏰ 實驗時間

→ 1小時

🔧 器材

→ 剪刀
→ 硬紙板
→ 尺
→ 兩張相同的圖案，共二十對
→ 膠水

📝 實驗步驟

1 將硬紙板剪成許多張長7公分、寬5公分的長方形，來製作一組遊戲卡。

2 印出兩張相同的圖案。

3 將圖案分別黏在卡片上，讓膠水乾燥（圖1）。

圖4：利用你的記憶來尋找配對。

4 製作二十對卡片（共四十張卡）。

5 開始遊戲前，將卡片混在一起。。

6 將卡片圖面朝下，這樣大家就無法看到圖案。將卡片以八行五列的方式排列（圖2）。

7 開始遊戲時，一個人要先翻開一張卡。接著同一個人再多翻一張卡（圖3）。如果兩張卡片的圖案相同，這個人可以取走這兩張卡，並再進行一個回合。

圖1：將相同的圖案分別貼在方形紙卡上。

圖2：把卡片排成八行五列。

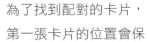
圖3：輪流翻開卡片。

8 如果卡片上的圖案不同，這個人要將卡片翻回背面，放回原本翻開卡片的地方。

9 換下一個玩家開啟回合，找尋成對的圖案。

10 這個遊戲的目的是記住特定卡片所在的位置，並盡可能找到愈多配對卡片愈好（**圖4**）。

11 擁有最多配對卡片的人就是贏家。

延伸思考

做更多張卡片，增加行列，來讓遊戲變得更難吧。你也可以使用相同東西的不同圖案。舉例來說，你可以用兩隻不同的狗做成一對卡片。即使上面是兩隻不同的狗，卡片仍然是一對。試試用文字取代卡片上的圖案，對受試者來說會比較簡單還是比較困難呢？

原來如此

為了找到配對的卡片，第一張卡片的位置會保存在短期記憶和長期記憶裡。如果卡片在遊戲前段就翻開，它的配對卡片卻到遊戲後段都還沒找到，那麼準確的記憶就很重要。玩家必須記得卡片一開始的位置，才能找到配對。

延伸閱讀

📖 書籍

《大腦裡的祕密》艾瑞克・H・查德勒／著
Chudler, E. H. Inside Your Brain. New York: Chelsea House Publishers, 2007.

《神經科學的俳句》艾瑞克・H・查德勒／著
Chudler, E. H. The Little Book of Neuroscience Haiku. New York: W. W. Norton & Company, 2013.

《大腦位元：有關大腦的怪問快答》艾瑞克・H・查德勒、莉絲・強森／著
Chudler, E. H., and L. A. Johnson. Brain Bytes: Quick Answers to Quirky Questions about the Brain. New York: W. W. Norton & Company, 2017.

《大腦解密手冊：誰在做決策、現實是什麼、為何沒有人是孤島、科技將如何改變大腦的未來》大衛・伊葛門／著，徐仕美／譯，天下文化
Eagleman, D. The Brain: The Story of You. New York: Pantheon Books, 2015.

《看漫畫了解腦神經科學》
漢娜・羅斯／著，馬泰歐・法瑞內拉／繪，楊晴／譯，商周出版
Farinella, M., and H. Ros. Neurocomic. London: Nobrow Ltd., 2013.

《費尼斯 蓋吉：一段關於腦科學的可怕又真實的故事》約翰・佛萊希曼／著
Fleischman, J. Phineas Gage: A Gruesome but True Story about Brain Science. Boston: Houghton Mifflin Co., 2002.

《大腦之美：神經科學之父卡哈爾，80幅影響大腦科學&現代藝術的經典手繪稿》賴瑞・斯旺森、艾瑞克・紐曼、阿爾馮索・阿拉奎、珍妮特・杜彬斯基、林鐸・金、艾立克・希梅爾／著，游卉庭／譯，采實文化
Swanson, L. W., E. Newman, A. Araque, and J. M. Dubinsky. The Beautiful Brain: The Drawings of Santiago Ramon y Cajal. New York: Abrams, 2017.

💻 參考網站

大腦來龍去脈：
http://thebrain.mcgill.ca

大腦酷東西：
http://brainu.org/cool-stuff

大腦做什麼：
http://uwtv.org/series/brainworks

哺乳動物大腦收藏：
http://brainmuseum.org

了解神經元：
http://knowingneurons.com

美國國家藥物濫用研究所：
www.drugabuse.gov

給孩子的神經科學：
http://faculty.washington.edu/chudler/neurok.html

神經系統科學協會：
www.sfn.org

你的神奇大腦：
www.youramazingbrain.org.uk

延伸閱讀

單位換算

距離
1微米＝1000奈米
1毫米＝1000微米
1公分＝10毫米＝0.4英寸
1公尺＝100公分＝3.3英尺
1公里＝1000公尺＝0.6英里

速度
1公尺／秒＝3.6公里／時＝2.2英里／時
120公尺／秒＝432公里／時＝268英里／時

體積
10毫升＝2茶匙
75毫升＝5湯匙
100毫升＝0.4杯
200毫升＝0.8杯
250毫升＝1杯

溫度
37℃（攝氏）＝98.6℉（華氏）
175℃＝350℉

重量
50克＝0.1磅＝1.8盎司
270克＝0.6磅
400克＝0.9磅
1.4公斤＝3.1磅

謝 謝 你 們 !

莎拉	克蕾兒	蘇菲亞	馬克思	威雅特	安妮卡	英格麗
凱蒂	梅芙	莎拉	艾莉莎	米亞	卡莉莎	凱拉
艾莉	亞比該	羅山	安雅	梅佐	愛瓊	艾莉森
艾略特	赫胥黎	拉可	嘉妲	格雷迪	柯伊	艾文
葛蕾絲	瑪麗	查理	艾拉	艾芙琳	西蒙	阿尼
莉迪亞	伊斯頓	史嘉蕾	艾薩克	梅伊	恩佐	

致 謝

感謝我的妻子Sandy，以及我的孩子Kelly與Sam，我研發這本書的實驗和活動期間，他們忍受了髒亂的廚房桌面和凌亂的置物架。我希望你們很享受在其他人之前，先測試了這些活動。

我很感謝Quarry Books的編輯Jonathan Simcosky和John Gettings，他們幫助了《STEAM大腦科學好好玩》整個出版的過程。對於我的許多問題，他們耐心和周全回答，都讓我非常感謝。

最後，感謝協助影像設計的莉茲·海涅克（Liz Heinecke）超棒攝影師安柏·普洛卡西尼（Amber Procaccini），以及所有出現在這本書的孩子們。他們所付出的時間和努力，帶給了這本書色彩與生命。

作 者 簡 介

艾瑞克·H·查德勒（Eric H. Chudler）

艾瑞克·H·查德勒是一位神經科學家，對大腦如何處理感官訊息，尤其是來自皮膚的訊息深感興趣。他現在正在研究藥用植物和草藥裡的化學物質如何影響神經系統與再生。查德勒於一九八五年在西雅圖的華盛頓大學心理學系取得博士學位。曾在位於美國馬里蘭州貝塞斯達的國家衛生研究院（1986～1989）以及波士頓的麻省總醫院神經外科部工作（1989～1991）。他目前是生物工程系的副教授，同時擔任華盛頓大學感覺運動神經中心的執行董事兼教育主任。他也是華盛頓大學麻醉與疼痛醫學系及神經生物與行為學所的教授。除了進行基礎神經科學的研究，查德勒也與其他神經科學家和學校老師合作，開發教材來幫助學生學習與腦有關的知識。

STEAM科學好好玩：

史萊姆、襪子離心機、野餐墊相對論……隨手取得家中器材，
體驗12大類跨領域學科，玩出科學腦

作者： 莉茲‧李‧海涅克

走出戶外，到處都是我的實驗室！

- 符合教育部108新課綱之核心素養，培養「系統思考」與「解決問題」能力
- 跨領域學習──結合「自然科學」、「科技」與「藝術」等學科
- 符合STEAM科學教育趨勢
- 入選台北市立圖書館「好書大家讀」

歡迎來到小朋友的數學實驗室：

9大原理37個實驗，一生受用的數學原理
（隨書附贈數感實驗室《賴以威老師給家長的9堂數學課》）

作者： 蕾貝卡‧瑞波波特、J.A.優德

丟掉鉛筆，準備你的剪刀、彩色筆、膠水與黏土，我們要來玩數學囉！

- 幾何、拓樸學、著色地圖、曲線、碎形、七巧板、火柴棒謎題、拈與圖形理論，
  9大數學領域，在遊戲中一次掌握關鍵原理。
- 入選台北市立圖書館「好書大家讀」、文化部第40次中小學生優良課外讀物評選

生命從臭襪子的細菌開始：

給小小科學家的生物演化入門

作者：楊‧保羅‧舒騰

11個演化核心主題X200個你從沒想過的有趣問題X120幅原創插畫！

- 吳大猷科普著作獎入圍、入選文化部第40次中小學生優良課外讀物評選
- 榮獲德國年度青少年讀物科學讀本獎、德國LUCHS年度最佳兒少書籍……
  等歐洲8項知識圖書大獎

Penny老師教你創意玩科學：

黑膠唱片機、針孔相機、擴音喇叭……全部自己做，
25個必學原理×75個超酷實驗，在家上最有趣的理化課！

作者：Penny老師

規畫12個月的學習進程，精選25個生活必學的科學原理，
設計75個簡單有趣的超酷實驗！

- 詳列實驗步驟、原理解釋、家中找得到的實驗材料
- 入選台北市立圖書館72梯次「好書大家讀」、文化部第40次中小學生優良課外讀物評選

生物課好好玩：

48堂課×12篇生物先修班，一年四季輕鬆學生物的超強課表！

作者：李曼韻

最好玩的生物課，放學後才開始！

- 108新課綱主題式學習精神×30年豐富教學經驗×師鐸獎專業肯定
- 徜徉戶外的生態課、緊扣課本的生物先修班
- 入選台北市立圖書館70梯次「好書大家讀」、第39次文化部中小學生優良課外讀物推薦、
  香港第14屆小學生書叢榜好書

知識館 11

STEAM 大腦科學好好玩：

探索摸不到、看不到的嗅覺、視覺、聽覺、記憶，52 個實驗 ×10 大單元結合自然、生物與生活科技的跨領域學科

Brain Lab for Kids: 52 Mind-Blowing Experiments, Models, and Activities to Explore Neuroscience

作　　　者	艾瑞克・H・查德勒（Eric H. Chudler）
譯　　　者	吳欣庭
審　　　定	張如芳
美 術 設 計	翁秋燕
校　　　對	李鳳珠
責 任 編 輯	汪郁潔

國 際 版 權	吳玲緯
行　　　銷	巫維珍　蘇莞婷　黃俊傑
業　　　務	李再星　陳紫晴　陳美燕　馮逸華
副 總 編 輯	巫維珍
編 輯 總 監	劉麗真
總 經 理	陳逸瑛
發 行 人	凃玉雲
出　　　版	小麥田出版

10483 台北市中山區民生東路二段 141 號 5 樓
電話：(02)2500-7696
傳真：(02)2500-1967

發　　行　英屬蓋曼群島商家庭傳媒股份有限公司
城邦分公司
10483 台北市中山區民生東路二段 141 號 11 樓
網址：http://www.cite.com.tw
客服專線：(02)2500-7718 ｜ 2500-7719
24 小時傳真專線：(02)2500-1990 ｜ 2500-1991
服務時間：週一至週五 09:30-12:00 ｜ 13:30-17:00
劃撥帳號：19863813　　戶名：書虫股份有限公司
讀者服務信箱：service@readingclub.com.tw

香港發行所　城邦（香港）出版集團有限公司
香港灣仔駱克道 193 號東超商業中心 1/F
電話：+852-2508-6231
傳真：+852-2578-9337

馬新發行所　城邦（馬新）出版集團 Cite (M) Sdn Bhd.
41-3, Jalan Radin Anum, Bandar Baru Sri Petaling,
57000 Kuala Lumpur, Malaysia.
電話：+6(03) 9056 3833
傳真：+6(03) 9057 6622
讀者服務信箱：services@cite.my

麥田部落格　http:// ryefield.pixnet.net
初　　　版　2019 年 11 月
售　　　價　399 元
版權所有 翻印必究
ISBN 978-957-8544-17-8
本書若有缺頁、破損、裝訂錯誤，請寄回更換。

Brain Lab for Kids
©Quarto Publishing Group USA Inc.
First Published in 2018 by Quarry Books, an imprint of The Quarto Group, 100 Cummings Center, Suite 265-D, Beverly, MA01915, USA
Complex Chinese translation copyright © 2019 by Rye Field Publications, a division of Cite Publishing Ltd.
Printed in China
All Rights Reserved.

國家圖書館出版品預行編目 (CIP) 資料

STEAM 大腦科學好好玩：探索摸不到、看不到的嗅覺、視覺、聽覺、記憶，52 個實驗 X10 大單元結合自然、生物與生活科技的跨領域學科 / 艾瑞克 .H. 查德勒 (Eric H. Chudler) 作；吳欣庭譯 .-- 初版 .-- 臺北市：小麥田出版：家庭傳媒城邦分公司發行，2019.11
面；　公分 .--（知識館；11）
譯 自：Brain lab for kids : 52 mind-blowing experiments, models, and activities to explore neuroscience
ISBN 978-957-8544-17-8（精裝）
1. 科學教育 2. 科學實驗 3. 中小學教育
523.36　　　　108007926

城邦讀書花園
www.cite.com.tw
書店網址：www.cite.com.tw

混合產品
源自負責任的
森林資源的紙張
FSC® C017606